RADIUS BÜCHER

Gustav-Heinemann-Initiative

---

# Der Griff nach dem Menschen

## Technische Entwicklung, Ethik und Bürgerrechte

Herausgegeben von
Titus Häussermann und Horst Krautter

CIP-Titelaufnahme der Deutschen Bibliothek

Der **Griff nach dem Menschen** : techn. Entwicklung, Ethik u. Bürgerrechte / Gustav-Heinemann-Initiative. [Hrsg. von Titus Häussermann u. Horst Krautter]. – Stuttgart : Radius-Verl., 1988

(Radius-Bücher)

ISBN 3-87173-762-3

NE: Häussermann, Titus [Hrsg.]; Gustav-Heinemann-Initiative

ISBN 3-87173-762-3

Umschlag: Dieter Kurzyna
Gesamtherstellung: Clausen & Bosse, Leck
Printed in Germany

# Inhalt

## Gerd Pflaumer: Zur Eröffnung der Tagung

Als in der letzten Herbstsitzung des Beirats der Gustav-Heinemann-Initiative, in der wir traditionsgemäß über unsere Jahrestagung beraten und beschließen, das Thema vorgeschlagen wurde, mit dem wir uns heute und morgen beschäftigen werden, äußerten nicht wenige Beiratsmitglieder die Sorge, die Gustav-Heinemann-Initiative würde sich damit übernehmen. Gab es nicht schon eine Fülle von Akademietagungen, Kongressen, Seminaren und Berge von Veröffentlichungen vor allem zu den Unterthemen »Atomtechnik« und »Informationstechnik«? Worin könnte denn im Lichte dessen der spezifische Beitrag einer Jahrestagung der Gustav-Heinemann-Initiative zu der gewählten Thematik liegen?

Wir haben uns – und darüber bin ich froh – im Beirat schließlich doch dazu entschlossen, weil uns wichtig erscheint, das den Unterthemen Gemeinsame zu verdeutlichen: Die Risiken und Gefahren für die physische und psychische Existenz des Menschen – daher der Obertitel »Der Griff nach dem Menschen« –, die Auswirkungen auf seine im Grundgesetz verbrieften Rechte und die Frage nach der ethischen Verantwortung von Wissenschaft und Politik. Überdies halten wir Aufklärung der Bürger über die neuesten Entwicklungen in den Bereichen Informationstechnik, Atomtechnik und Biotechnik für unerläßlich. Sie ist auch deshalb notwendig, weil es einen Kontrapunkt zu neokonservativen Verharmlosungs- beziehungsweise Entmündigungsstrategien zu setzen gilt.

Breite Aufklärung scheint mir vor allem darüber dringend geboten, was in der Gentechnik vor sich geht. Die beachtenswerte Artikelserie in der »Zeit« und eine vor kurzem ausgestrahlte dreiteilige ARD-Sendung mit dem Titel »Genreport« haben hier nur einen kleinen Zipfel gelüftet. Leute mit Einblick in die Forschungslabors von Pharmakonzernen und Biotec-Industrie sprechen von der Gefahr eines molekularen Auschwitz. Derartige Vergleiche schätze ich eigentlich nicht. Daran zeigt sich jedoch, wie ernst die Entwicklungen zu nehmen sind.

Und schließlich sollten wir überlegen, wie wir selbst – sowohl als Gemeinschaft Gleichgesinnter als auch als einzelne – diesen verhängnisvollen Entwicklungen entgegensteuern können.

Meine Erwartungen an die Tagung, vor allem an die Diskussion in den Arbeitsgruppen, möchte ich in Form von einigen Fragen formulieren, die selbstverständlich nicht erschöpfend sind:

Brauchen wir neue Gesetze zur Sicherung der gefährdeten Bürgerrechte?

Wo gibt es konkreten Regelungsbedarf?

Helfen neue staatliche Kontrollinstrumente? Wie müßten sie aussehen?

Wer legt fest, was geforscht werden soll?

Sind Forschungsverbote ein Ausweg? Oder wenigstens Moratorien? Oder eine bewußte Verlangsamung? Verträgt sich das mit dem Grundgesetz, das in Artikel 5 die Freiheit von Forschung gewährleistet? Sollte dort – ähnlich dem Eigentumsrecht – eine Sozialverträglichkeitsklausel aufgenommen werden?

Gibt es ausreichende Vorkehrungen zur Technologiefolgenabschätzung?

Wissen Forscher, soweit es um Auswirkungen auf künftige Generationen geht, heute wirklich, was sie tun? Versuch und Irrtum können heute nicht mehr Leitlinie von Forschung sein.

Wie kann die offenkundig notwendige Diskussion um eine neue Zukunftsethik organisiert werden?

Führt ein hippokratischer Eid für Naturwissenschaftler weiter, um ihre gesellschaftliche Verantwortung zu gewährleisten?

Bedarf es Veränderungen in der Ausbildung von Naturwissenschaftlern? Können wir uns gedankenlose Genies und angeblich wertfreie Forschung noch leisten? Sind die Zeiten nicht vorbei, wo Röntgen für sich in Anspruch nehmen konnte, er habe nicht nachgedacht, sondern untersucht?

Werden wichtige Sinnvermittler wie Schulen, Träger politischer Bildung und Medien ihrer Verantwortung gerecht? Haben nicht auch die Kirchen hier mehr einzubringen? Geht es doch um eine neue Thematisierung des Schöpfungsgedankens.

Passen die politischen Willensbildungs-, Entscheidungs- und Herrschaftsformen noch?

Sollten Plebiszite auf Bundesebene oder neue Formen von Mitbestimmungs- oder Bürgerbeteiligungsverfahren eingeführt werden? Es geht nicht mehr an, daß winzige Minderheiten über Existenzfragen entscheiden. Wir brauchen eine Demokratisierung von Wissenschaft im Sinne organisierter öffentlicher Diskurse und transparenter Verantwortungsstrukturen. Damit meine ich auch die Aufdeckung von Verflechtungen zwischen Wissenschaft, Politik und Privatwirtschaft.

Welche Rolle kommt den außerparlamentarischen Bewegungen und Initiativen zu? Gelingt es ihnen, die Nachdenklichen zu aktivieren?

Reichen neue Instrumente und Politikformen auf nationaler Ebene aus?

Bedarf es neben einem neuen Denken auch eines neuen Fühlens? Hier richten sich besondere Erwartungen an die Frauenbewegung. Die kalte Rationalität der Männerwelt ist längst in eine Sackgasse geraten.

Müssen wir anders leben, um zu überleben? Sind wir dazu überhaupt fähig?

Müssen wir, um Hans Jonas zu zitieren, wieder Furcht und Zittern lernen und, selbst ohne Gott, die Scheu vor dem Heiligen?

Gustav Heinemann hat in seinen Reden als Bundespräsident wiederholt auf die Gefahren unkontrollierter wissenschaftlich-technischer Entwicklung hingewiesen und die besondere gesellschaftspolitische Verantwortung des Wissenschaftlers eingefordert.

Ich beende meine Begrüßung daher mit zwei Zitaten von Gustav Heinemann:

»Aus der großen Bedeutung aller wissenschaftlichen Erkenntnis für die Gesellschaft folgt, daß der Wissenschaftler – und hier insbesondere der Naturwissenschaftler – bereit sein muß, gesellschaftspolitische Verantwortung zu erkennen und zu übernehmen. Das heißt: endgültig Abschied nehmen von jedem bisherigen Rollenverständnis des isolierten Individualismus [...]«

»Wenn gesellschaftliche Verantwortung eine breite Mitverantwortung sein soll, dann ist jeder Bürger

- entsprechend seiner Einsicht,
- entsprechend der Wirkung seiner Arbeit

gerufen. Hieraus ergibt sich die besondere Verantwortung des Wissenschaftlers in dem Sinne, daß er einen höheren Pflichtstatus hat, nicht aber einen höheren Rechtsstatus. Die gesellschaftspolitische Verantwortung des Wissenschaftlers bedeutet wenn nicht Entscheidungsverantwortung, so doch jedenfalls Informationsverantwortung. Anders ausgedrückt: Die Information, die der Wissenschaftler der Gesellschaft gibt, ist der Zins für die Bereitschaft der Gesellschaft, Wissenschaftler auszubilden.«

Die 11. Jahrestagung der Gustav-Heinemann-Initiative ist hiermit eröffnet.

# Klaus Michael Meyer-Abich: Wissenschaft in der Demokratie. Die Verantwortung der Wissenschaftler und die der Öffentlichkeit

Demokratie und Wissenschaft passen nur so weit zusammen, wie Wissenschaft und Technik auch in die politische Verantwortung eingebunden sind. Sie sind es bisher nicht hinreichend, und es ist eine politische Aufgabe, daran etwas zu ändern. Mangelhaft ist vor allem der Beratungsprozeß. Wissenschafts- und technologiepolitische Entscheidungen sind zwar formal, soviel ich sehe, nicht an den verfassungsmäßig zuständigen Instanzen vorbeigelaufen, jedoch meistens ohne den erforderlichen Sachverstand und eine inhaltlich angemessene Erörterung gefällt worden. Unklar war sogar, welchen Sachverstands es eigentlich bedurft hätte, zum Beispiel nicht nur des naturwissenschaftlich-technischen. Daß wissenschafts- und technologiepolitische Entscheidungen letztlich davon handeln, wie wir in Zukunft leben werden, ist inzwischen jedoch vielen Politikern und einem großen Teil der Öffentlichkeit klargeworden, besonders durch die Energiedebatte. Um die in der Vergangenheit gemachten Fehler in Zukunft möglichst zu vermeiden, sollte überlegt werden, wie der Beratungsprozeß inhaltlich und formal zu gestalten wäre, um der Tragweite der Entscheidungen besser gerecht zu werden. Dazu möchte ich beitragen.

Um den wissenschaftlich-technischen Prozeß politisch so wahrzunehmen, wie es seiner Tragweite für die Entwicklung der Industriegesellschaft entspricht, und den politischen Entscheidungen einen angemessenen öffentlichen Diskurs vorangehen zu lassen, bedarf es nicht unbedingt einer Änderung des Entscheidungsverfahrens, so wie es im Grundgesetz vorgesehen ist. Ich sehe in der Demokratisierung der Wissenschaftspolitik aber auch eine Chance der Demokratisierung überhaupt und glaube, daß wir uns nach vierzigjähriger Übung in vorsichtig lerndemokratischen Formen nun auch eine etwas partizipativere Demokratie zutrauen dürften. Ich schlage deshalb vor, die außerparteiliche Öffentlichkeit wenigstens durch einen organisierten Beratungsprozeß stärker an den politischen Entscheidungen zu beteiligen.

Ist die Wissenschaft ein gesellschaftlicher Akt und somit von der Allgemeinheit insgesamt zu verantworten, so fällt den Wissenschaftlern hier doch eine besondere Verantwortung zu. Ich beschreibe zunächst diese Verantwortung und behandle danach einige Inhalte und Formen des öffentlichen Diskurses.

### *Verantwortung der Wissenschaftler*

Auch für die Wissenschaft gilt: Es gibt kein Handeln in einem verantwortungsfreien Raum. Und ein Handeln ist auch die wissenschaftliche Erkenntnistätigkeit, wie sich schon daran zeigt, daß durch das wissenschaftliche Erkennen Handlungsmöglichkeiten neu in die Welt gesetzt werden, welche den Austrag der gesellschaftlich und international allemal bestehenden Interessenkonflikte so verändern, wie wenn während eines Spiels neue Regeln eingeführt oder neue Züge zugelassen werden, was gewöhnlich nicht für alle Beteiligten gleichermaßen Vor- oder Nachteile mit sich bringt. Ein Beispiel ist die Mikroelektronik, deren Entwicklung den Austrag des Interessenkonflikts zwischen Arbeit und Kapital nachhaltiger beeinflußt hat als jeder Arbeitskampf, ein anderes die Entdeckung der Kernspaltung kurz vor dem Ausbruch des Zweiten Weltkrieges.

Für das wissenschaftliche Erkenntnishandeln gilt das Grundrecht der Wissenschaftsfreiheit: Kunst und Wissenschaft, Forschung und Lehre sind frei (Art. 5 Abs. 3 Satz 1 Grundgesetz). Es gibt dem Wissenschaftler das Recht, sich nicht von Staats wegen vorschreiben zu lassen, was er forschen und lehren soll; dies ist die verfassungsrechtliche Wurzel der Wissenschaftsfreiheit. Die Freiheit aber entbindet nicht von der Verantwortung, im Gegenteil: Wo ich frei handle, teile ich die Verantwortung nicht mit denen, die mir eine entsprechende Weisung gegeben haben, sondern folge meiner inneren Führung und trage sie selbst. Freiheit bedeutet Selbstverantwortung, hingegen nicht die Autonomie, alles zu tun, was einem gerade so paßt – dergleichen soll man nicht Freiheit nennen.

Das Grundrecht der Wissenschaftsfreiheit findet auch formal seine Grenze an den anderen Grundrechten. Darüber hinaus hat sich das verfassungsrechtliche Verständnis der Grundrechte allmählich dahin entwickelt, in ihnen weniger die traditionellen Abwehrrechte gegenüber dem Staat als vielmehr positive Bestimmungen der staatsbürgerlichen Verantwortlichkeit zu sehen. Dementsprechend verbindet sich zum Beispiel mit der Pressefreiheit die Verpflichtung, von ihr in der Verantwortung vor der Allgemeinheit den rechten Gebrauch zu machen. Ebenso steht es mit der Freiheit der Wissenschaft.

Wie kann man der Verantwortung dafür, durch das eigene Handeln neue Möglichkeiten in die Welt zu setzen – zum Bau von Atombomben, zur Wegrationalisierung von Arbeitsplätzen, zur körperlichen Manipulation –, am ehesten gerecht werden? Ich nenne dazu vier Bedingungen.

*Erstens: Verantwortung für die Fragestellung.* In dem Theaterstück, das Friedrich Dürrenmatt den Physikern gewidmet hat, wählte einer von ihnen die Narrenkappe, um nicht von den Politikern ausgenutzt zu werden. Er hatte ein System aller möglichen Erfindungen entdeckt und sah, daß die gesellschaftliche, politische und wirtschaftliche Wirklichkeit dieser Erkenntnis nicht gewachsen sein, sondern an ihr zugrundegehen würde. Ins Irrenhaus zu gehen war klüger, als mit der Erfindung in die Politik gehen und damit dort Macht ausüben zu wollen, aber der Versuch scheiterte trotzdem.

Etwas banaler als bei Dürrenmatt würde dies normalerweise daran liegen, daß ein anderer dieselbe Entdeckung macht und sie veröffentlicht. Ein Einfall kommt selten allein, meistens sind mehrere Wissenschaftler derselben Sache auf der Spur, und einer ist lediglich der erste, der die Antwort findet. Daraus folgt: *(a)* Die Verantwortung beginnt früher, nämlich bereits mit der Art und dem Inhalt der Frage, auf die eine Antwort gesucht wird. Kommt zuerst die Forschung und dann erst die Moral, so ist es für diese schon zu spät. *(b)* Es handelt sich um eine der betreffenden Wissenschaftlergruppe gemeinsame Verantwortung. Sie besteht darin, nach bestem Wissen und Gewissen diejenigen Erkenntnisse zu suchen, derer die Allgemeinheit in Zukunft bedarf.

*Zweitens: Wissen, was man weiß und was man nicht weiß.* Die vielen Widersprüche zwischen wissenschaftlichen Sachverständigen, welche die Wissenschaft in Mißkredit bringen, beruhen darauf, daß Wissenschaftler ihre Kompetenzen überschreiten, weil sie nicht in der gebotenen Schärfe unterscheiden, was sie wissen und was sie nicht wissen. Was man weiß, kann nicht falsch sein, was man meint hingegen wohl. Wissenschaftler brauchen also ein Problembewußtsein auch der Fächer, auf die sie sich nicht verstehen, damit sie merken, wann eine Frage nicht aus ihrer, sondern aus einer anderen fachlichen Kompetenz – oder von beiden gemeinsam – beantwortet werden sollte.

*Drittens: Interdisziplinäre Kooperation.* Je besser ein Wissenschaftler weiß, was alles er nicht weiß, desto deutlicher sieht er, daß die Verantwortung der Wissenschaft – auch gegenüber der Öffentlichkeit – für sein Erkenntnishandeln weiter reicht als seine eigene Kompetenz, der Verantwortung für dieses Handeln gerecht zu werden. Naturwissenschaftliche Erkenntnisse müssen in Lebensverhältnisse, also sozusagen ins Sozialwissenschaftliche übersetzt werden, damit die Öffentlichkeit und die Wissenschaftler selbst ihre politischen Dimensionen wahrnehmen und sich daraufhin ein entsprechendes Urteil bilden können. Welch enorme Aufgabe allein diese Übersetzung, der ja noch die Bewertung unter kulturwissenschaftlichen Gesichtspunkten folgen muß, für die Geistes- oder Sozialwissenschaften ist, wird von diesen Wissenschaften bisher nicht hinreichend wahrgenommen.

Die Wissenschaft kann der Verantwortung für das naturwissenschaftliche Erkenntnishandeln aber nur dadurch möglichst gerecht werden, daß sie die Naturwissenschaften damit nicht allein läßt, sondern gesellschaftliche Bedürfnisse in naturwissenschaftlichen Fragestellungen ausdrückt und umgekehrt derartigen Fragestellungen nach ihren denkbaren Ergebnissen hypothetisch gesellschaftliche Wirklichkeiten zuzuordnen versucht. Wieweit dies gelingt, ist auch eine Bewährungsprobe für die Geistes- und Sozialwissenschaften.

Was an wissenschaftlicher Arbeit getan werden kann, um der Verantwortung *der* Wissenschaft für ihr Erkenntnishandeln, neue Handlungsmöglichkeiten in die Welt zu setzen, gerecht zu werden, ist letztlich dieses: *die Fragen so zu stellen, daß die Wahrscheinlichkeit des für Natur und Gesellschaft zerstörerischen Austrags der bestehenden Konflikte durch wissenschaftliche Erkenntnisse möglichst nicht erhöht wird.* Dies *(a)* von Anfang an zu tun gehört dazu ebensosehr wie *(b)* das Wissen des Nichtwissens und *(c)* die Interdisziplinarität.

*Viertens: Information der Öffentlichkeit.* Die Wissenschaftler haben eine staatsbürgerliche Verpflichtung, und die Wissenschaft hat dadurch ein politisches Mandat, der Öffentlichkeit Rechenschaft über ihr – mit öffentlichen Mitteln unterhaltenes – Erkenntnishandeln abzulegen.

## *Verantwortung der Öffentlichkeit für die Wissenschaft*

Die Verantwortung der Öffentlichkeit für die Wissenschaft beruht

- auf dem durch immense öffentliche Mittel zum Ausdruck kommenden allgemeinen Willen, daß wissenschaftliche Erkenntnis stattfinden soll;

- auf dem Eigeninteresse daran, durch die wissenschaftliche Tätigkeit möglichst das zu erfahren, was die Industriegesellschaft in Zukunft zu wissen nötig hat;
- auf der Öffentlichkeit der Wissenschaft, daß das Wissen grundsätzlich jederfrau und jedermann zugänglich ist, also ohne moralische Qualifikationen.

Was die dritte Bedingung angeht, so hat Alvin Weinberg vorgeschlagen, die Atomenergie wegen ihrer extremen Gefährlichkeit lieber nur einer »nuklearen Priesterschaft« anzuvertrauen und dieser die Verantwortung zu delegieren. Ich denke, daß für die Zukunft vor allem solche Erkenntnisse wünschenswert sind, welche die Demokratie nicht überfordern und keine derartigen Konsequenzen nahelegen.

Daß die Allgemeinheit letztlich die Verantwortung für die Wissenschaft hat, besagt noch nicht, daß sie ihr eine besondere Aufmerksamkeit widmen müßte und sie nicht einfach den Wissenschaftlern, den Regierungen und den Parlamenten überlassen dürfte. Daß es gut wäre, den Wissenschaftlern für ihre Fragestellungen eine Orientierung zu bieten, was die Industriegesellschaft in Zukunft wissen möchte, ergibt sich daraus, daß Entscheidungen, was als wissenswert gelten soll, nicht wissenschaftlich begründbar sind, sondern Interessen folgen, die denen der Allgemeinheit möglichst nicht allzu fern sein sollten. Könnten entsprechende Vorgaben aber nicht auch durch Regierungen und Parlamente erfolgen? Ich hielte dies aus zwei Gründen für zutiefst falsch.

Einmal sind Politik und Verwaltung schon heute an den Entscheidungen, was geforscht werden soll, in einem Maß beteiligt, das über allgemeine Orientierungen weit hinausgeht. Zum Beispiel betragen die Anteile der beiden selbstverwalteten Forschungsorganisationen – der Max-Planck-Gesellschaft und der Deutschen Forschungsgemeinschaft – am Forschungsetat des Bunds nur drei beziehungsweise vier Prozent, und der Anteil der – im wesentlichen selbstverantwortlich erforschten – »wissenschaftlichen Grundlagen« beträgt insgesamt kaum 20 Prozent, über alles andere entscheidet mehr oder weniger die Regierung. Dies ist bereits ein Maß an Finalisierung und Kontrolle, das die Selbstverantwortung der Wissenschaftler weiter einschränkt, als ich es mir eigentlich wünschen würde. Obendrein noch von Staats wegen die Öffentlichkeit vor moralischen Überforderungen durch die Früchte des wissenschaftlich-technischen Erfindergeistes schützen zu wollen, könnte diesem Geist vollends den Garaus machen.

Zum andern ist das politische System in keiner guten Verfassung. In der Politik geht es nicht nur so zu, wie der kleine Mann es sich vorstellt, sondern schlimmer. Die Affäre Barschel hat den Abgrund sichtbar gemacht, in dem unsere politische Repräsentanz zwar erst mit einer Vorhut ganz angelangt ist, auf den sie sich aber zubewegt, einen Abgrund an persönlicher Vereinsamung, menschlicher Gleichgültigkeit, Selbstbezogenheit, Inkompetenz, Illoyalität, Unwahrhaftigkeit, Intriganz, Machtmißbrauch und Gesetzesverletzung.

Dies ist nun schon ein ziemlich weit fortgeschrittenes Stadium der Glaubwürdigkeitskrise der Politik, die in der Öffentlichkeit spätestens in den siebziger Jahren begonnen hat, als nach den Ostverträgen leider nicht mehr Demokratie gewagt wurde, sondern man sich auf Bundesebene mit vielerlei Inkrementen und nicht zuletzt mit sich selber beschäftigte statt mit den Lebensfragen der Nation. Meine persönliche Erfahrung in einem politischen Amt war, daß die Handlungsspielräume, notwendige Entscheidungen zu fällen, durchaus bestehen, aufgrund nicht verallgemeinerungsfähiger Rücksichten jedoch nicht hinreichend genutzt werden. Es ist schmerzlich, das gegenüber unserer »politischen Klasse« herrschende Unbehagen letztlich teilen zu müssen. Auch die Politik denkt heute meistens nicht mehr vom Ganzen her. Statt »der Stadt Bestes« (Jer. 29,7) zu suchen, Gerechtigkeit und Freiheit, wollen die meisten Politiker heute erstlich an die Macht kommen und letztlich dort bleiben. Für den Staat ist das nicht gut. Machtgleichgewichte garantieren genausowenig wie Marktgleichgewichte, optimale Ziele von sich aus zu verwirklichen. Ein Politiker braucht nicht nur Leidenschaft und Augenmaß, sondern auch Verantwortungsgefühl. Es wäre nicht gut, einer Politik, die selber nicht vom Ganzen her denkt, die Wissenschaft noch weitergehend anzuvertrauen, als sie es bisher schon ist.

Angesichts der Misere, die in der schleswig-holsteinischen Landeshauptstadt so über alle Maßen deutlich geworden ist, sollten wir nun aber nicht nur auf die Politiker deuten, sondern uns mit Gustav Heinemann, einem der Redlichen, wie es sie auch heute noch gibt, daran erinnern, daß drei Finger der Hand auf uns zurückdeuten, wenn wir mit dem einen auf das Unglück weisen. Haben wir etwa doch die Politik, die wir verdienen? Rudolf Wassermann hat zu Recht darauf aufmerksam gemacht, daß es immer noch nicht gelungen ist, den politischen Bürger, den *citoyen* oder *citizen* in Deutschland heimisch zu machen, nicht nur den sozialen *Bourgeois*. Hat sich daran nichts geändert, seitdem Theodor Mommsen 1899 seinerseits in seinem Testament das Scheitern des politischen Bürgers in Deutschland beklagte und dem deutschen Publikum deshalb die Achtung versagte? Müssen wir befürchten, daß auch »mit den Kindern der Freiheit«, der wir uns hierzulande erfreuen können wie nie zuvor, »kein Staat zu machen ist, jedenfalls kein Staat der Bürger«? Wassermann sieht das entscheidende Problem, und ich stimme ihm hier zu, in den zu geringen Mitwirkungsmöglichkeiten am politischen Prozeß.

Wie aber kann der Bürger am Prozeß der politischen Willensbildung teilnehmen? Im Brokdorf-Urteil stellte das Bundesverfassungsgericht fest, es gebe dazu im wesentlichen nur die Parteien und die Verbände sowie Demonstrationen und Versammlungen, und verurteilte dementsprechend die in Brokdorf erfolgte Einschränkung der Demonstrationsfreiheit (BVerfGE 69,315). Es ist schlimm genug, daß es sogar derartiger Urteile noch bedarf. Ganz gewiß aber gewährleisten Parteien, Verbände und Demonstrationen noch keine lebendige Demokratie.

Es gibt jedoch auch Grund zur Hoffnung. Das Glas Wasser

ist nicht nur halb leer, sondern es ist auch halb voll. Bei allem Unmut über das Versagen der Politik dürfen wir diejenigen Entwicklungen nicht außer acht lassen, in denen sich wenigstens einiges zum Besseren kehrt. An erster Stelle denke ich daran, daß es im Umfeld der etablierten Politik seit dem Ende der sechziger Jahre soviel lebendiger geworden ist als vorher. Ich meine zunächst die Studentenbewegung, die nun auch schon in Parteien wiederzuerkennen ist, dann aber die tausend Blumen der sogenannten neuen sozialen Bewegungen: Bürgerinitiativen, Umwelt-, Friedens-, Frauen- und Dritte-Welt-Gruppen, Selbsthilfeinitiativen, Projekte alternativen Lebens, Lernens und Wirtschaftens, Zusammenschlüsse diskriminierter Minderheiten, kulturelle und religiöse Identitätsbewegungen, parochiale und regionalistische Vereinigungen und so weiter. Sie alle haben in einem Ausmaß politische Phantasie entwickelt, wie ich es unserer früheren Keine-Experimente-Demokratie eigentlich nicht zugetraut hätte. Sitzblockaden und Umzingelungen, atomwaffenfreie Zonen, die Menschenkette der Friedensbewegung, kulturelle Aktionen, Tagungen und Kongresse, Schornsteinbesteigungen und gewagte Schlauchbootmanöver – dies alles zeigt, daß es nun an der Zeit ist, der politischen Willensbildung vom Volk zu den Staatsorganen auch verfahrensmäßig weitergehend Raum zu geben, als es in unserer Verfassung bisher vorgesehen ist.

Mich ermutigt die positive Erfahrung mit dem außerparteilichen politischen Leben der letzten 20 Jahre, nun endlich die Bedenken zurückzustellen, deretwegen die Schöpfer unserer Verfassung von partizipativeren Formen der Demokratie – worunter sie sich allerdings wohl nur Volksbegehren und Volksentscheide vorgestellt haben – nichts hielten. Ist nicht die öffentliche Diskussion in vielen Lebensfragen der Industriegesellschaft der Politik bereits weit voraus? Daß seit dem Beginn der siebziger Jahre gerade die Umwelt- und Energiepolitik so etwas wie eine Schule der Nation gewesen ist, war sogar eine ganz besondere Bewährungsprobe. Denn welch ein ungeheurer Anspruch die liberale Demokratie ist, wird wohl nirgends deutlicher erfahren als in der Meinungsbildung über Wissenschaft und Technik.

Ich hoffe auf die Menschen, die unsere Verantwortung für die Schöpfung wahrnehmen, auf Menschen, die eine tausendjährige technische Innovation schon deshalb nicht akzeptieren, weil tausend Jahre nicht unser Maß sind; auf Menschen, die sich von einem Ingenieur gern sagen lassen, wie ein Apparat funktioniert, sich aber selbst ein Urteil bilden, ob sie sich des Apparats bedienen wollen. Ich hoffe auch auf die Menschen, die nach den Erfahrungen mit der Atomenergie nicht einfach gegen alle Technik sind und doch dafür sorgen wollen, daß zum Beispiel mit der Biotechnologie nicht erneut dieselben Fehler gemacht werden wie mit der Atomtechnik.

Ein wenig hoffe ich inzwischen auch wieder auf die Parteien, besonders auf zwei von ihnen, denen die Probleme der Industriegesellschaft erkennbar bewußt geworden sind. Dies hätte getrost etwas eher geschehen können, aber daß sich zunächst einmal kritische Bürger diesen Problemen zugewandt haben, hat nun letztlich auch das Gute gehabt, unsere Verfassung mit etwas mehr Leben zu erfüllen. Nach dem Grundgesetz sollen die Parteien an der politischen Willensbildung zwar mitwirken, dafür jedoch nicht allein zuständig sein. Gemessen daran ist die Politik zu parteiförmig geworden.

Ich denke, die Parteien können ihre Aufgabe sogar nur dann erfüllen, wenn andere sie auch erfüllen. Letztlich ist es die Öffentlichkeit insgesamt, die der politischen Urteilsbildung Raum geben muß. Je besser dies gelingt, um so eher werden sich die Parteien in diesen Raum hinein öffnen und zum Beispiel geeignetere Kandidaten zur Wahl stellen, als es heute oft der Fall ist, wo jeder zwanzigste Wahlberechtigte einer Partei angehört und sich höchstens jeder zweihundertste an der Kandidatenkür beteiligt. Ein die Allgemeinheit bewegender Lern- und Meinungsbildungsprozeß würde hoffentlich dazu führen, »daß wir aufhören, Politik am Maßstab ihrer Kontinuität zu messen, wenn dies in der Wirkung eine Kontinuität der Aufrüstung, der Umweltzerstörung und der

Entsolidarisierung der Menschen ist. Es ist an der Zeit, daß wir Politiker besser an ihrer Fähigkeit messen, ein ›Gesicht‹ zu verlieren, das nur noch die Maske ihrer Deklamationen darstellt.« (Reinhard Ueberhorst 1985) Es wäre ein Segen für die Parteien, wenn eine lernfähiger gewordene Öffentlichkeit auch sie nach ihrer Lernfähigkeit beurteilte.

Bei dem in unserem Land nunmehr erreichten Stand der demokratischen Entwicklung wäre es sogar ein großer Fehler, der Allgemeinheit nicht die Chance einer durchgängigeren Demokratie zu geben. Denn es bringt viele Menschen zur Verzweiflung, wie unseriös oder wie hilflos die Regierenden sich in der immer bedrohlicher werdenden Lage verhalten, und diesem miserablen Spiel im wesentlichen hilflos ausgeliefert zu sein. Die Verzweiflung kann sich leicht ins Zerstörerische verkehren. Ich denke zum Beispiel daran, wie in einer öffentlichen Diskussion über Möglichkeiten, den Ausstieg aus der Atomtechnik durchzusetzen, als ein Zwischenspiel die Moritat von »Susi Säge« aufgeführt wurde.

Susi ist ein scheinbar harmloses Blondchen und trägt eine scheinbar ebenso harmlose Einkaufstüte, darin jedoch eine Eisensäge. Susi sägt Strommasten von Überlandleitungen um. Das System, symbolisiert durch einen Richter mit Robe, knirscht mit den Zähnen, Susi aber ist schon längst wieder in der Menge untergetaucht, wie weiland Mackie Messer. Das Publikum blieb nur teilweise still, viele klatschten begeistert. Manche jungen Leute sitzen heute im Gefängnis, weil sie Strommasten umgesägt haben. Vielleicht haben auch sie einmal die Rattenfänger-Moritat von Susi Säge gesehen und gedacht: So könnte ich endlich doch etwas tun und nicht nur ohnmächtig zusehen, wie fast nichts geschieht, um dem durch Krieg und Umweltzerstörung drohenden Unheil zu wehren. Aber wir haben gesehen, was aus solchen Anfängen werden kann, wenn dann das Land nicht rot vor Scham wird, den Zwanzigjährigen nicht mehr Hoffnung geboten zu haben, sondern sich schwarz ärgert und entsprechend repressiv reagiert.

Viel zu viele Menschen leben heute in der Grundstimmung, daß ihre Lebensinteressen von den politisch verantwortlichen Akteuren nicht hinreichend wahrgenommen werden und daß nunmehr sie selber irgend etwas tun müßten. Sie denken:

*(1)* Wir sind in diesem Staat unseres Lebens nicht mehr sicher, sondern sind bedroht durch Atomwaffen, Reaktorkatastrophen, Chemieunfälle und sogar durch den staatlich genehmigten Normalbetrieb dieser Wirtschaft. Wir haben Angst um unsere Existenz.

*(2)* Der Staat tut nichts oder fast nichts, jedenfalls aber viel zu wenig gegen die Gefährdung der Lebensbedingungen. Diese Politik wird von einer Mehrheit gestützt, deren Sorge um ihr wirtschaftliches Wohlergehen noch größer ist als die Furcht vor den zerstörerischen Kräften dieser Wirtschaft. Keine Mehrheit aber ist berechtigt, aus wirtschaftlichen Gründen ihr Leben, das unsere und das der Nachwelt so aufs Spiel zu setzen, wie es geschieht.

Und manche ziehen bereits die Konsequenz:

*(3)* Wir kündigen deshalb den Grundkonsens auf, alle wesentlichen Probleme im Rahmen der in der Bundesrepublik geltenden Ordnung für lösbar zu halten und lösen zu wollen, erkennen das Gewaltmonopol des Staats – der nicht mehr unser Staat ist – nicht weiter an, sondern werden der Staatsgewalt – die in Zukunft nur noch die Gewalt einer herrschenden Mehrheit ist – unsererseits Gewalt entgegensetzen.

Die Thesen (1) und (2) halte ich für richtig, die Konsequenz (3) hingegen für falsch. Man sollte hier auch nicht beschönigend von Notwehr gegen einen Notstand reden, denn in Wahrheit geht es um die Erklärung des Bürgerkriegs. Wer ihn für unvermeidbar hält, soll sich dann nicht hinter Scheinlegitimationen verstecken.

Wer meint, Gewalt brauchen zu sollen, will aber doch wohl uns andere die eigene Not fühlen lassen und meint, die Industriegesellschaft sei so fühllos geworden, daß dies auf andere Weise nicht gelingen könnte. Statt daß die einen Schläge gegen die Fühllosigkeit setzen, gibt es auch den Weg, daß die anderen etwas sensibler für die Not werden, die jene so viel stärker erleben. Noch besteht die Chance, mit außerparteilichem Handeln das parteiliche zu ergänzen und zu korrigieren. Es besteht aber auch die Gefahr, daß es statt des ergänzenden Zusammenwirkens mit den bisherigen politischen Institutionen zur segregierenden Selbsthilfe gegen diese Institutionen kommt. Wenn dies Auseinanderdriften von Bürgermitbestimmung und Parteipolitik nicht gebremst wird, dann kann es wirklich eines Tages zum gewalttätigen Widerstand und damit zu bürgerkriegsähnlichen Anfängen kommen. Jürgen Habermas hat auf die zunehmenden Legitimationsdefizite seit langem hingeweisen.

Wir stehen am Scheideweg, den neuen sozialen Bewegungen entweder neue politische Aktionsformen zu eröffnen oder sie sich in Selbsthilfe- und Widerstandsaktionen abspalten zu lassen. Der letztere Weg wäre auch deswegen fatal, weil in der Regel gerade die Nachdenklichen und Lebendigen, welche die Demokratie in Zukunft am meisten braucht, sich in den neuen Bewegungen engagieren. Was aber soll zum Beispiel die Friedensbewegung jetzt machen? Man kann doch nicht immer nur abwechselnd demonstrieren, Kongresse veranstalten und durch Sitzblockaden die angesammelte Verbitterung abreagieren – zumal wenn diese durch ein folgendes Gerichtsurteil wieder erneuert und noch vergrößert wird. Wenn neue Aktionsformen der Zivilcourage demokratisch gewagt werden und diejenigen, die davon Gebrauch machen, in sich die Fühllosigkeit und Verantwortungslosigkeit der heutigen Industriegesellschaft überwinden, kann es zu einer Erneuerung kommen. Ob dadurch die drohende Spaltung unserer Gesellschaft verhindert wird, ist heute *die* Bewährungsprobe unserer Demokratie. Noch haben wir die Chance, sie zu bestehen.

Versuchen wir es auf dem Weg einer partizipativeren oder durchgängigeren Demokratie, so könnten wir mit der »Aktion Volksentscheid 23. Mai 1989« vom Artikel 20 des

Grundgesetzes ausgehen, wonach die Staatsgewalt vom Volk »in Wahlen und Abstimmungen« ausgeübt wird. Bei den letzteren sollte heute wohl nicht nur an die Gebietsreformen des Art. 29 gedacht werden, so daß hier eine gesetzliche Auslegung zu treffen wäre. Ich halte diesen Weg für richtig, glaube aber, daß die von der Aktion vorgeschlagenen Volksbegehren und Volksentscheide bei weitem noch nicht genügen, um uns wirklich zu einer durchgängigeren Demokratie zu verhelfen. Sich auf neue Mehrheitsentscheidungen wie Volksbegehren und Volksentscheide zu beschränken, könnte der politischen Unkultur sogar noch Vorschub leisten und die Polarisierung unserer Gesellschaft verschärfen. Es darf nicht soweit kommen, daß das Denken vollends immer bereits bei 51 Prozent endet.

Ich denke, daß es vor allem darauf ankommt, den Prozeß der Meinungsbildung, durch den ein politischer Wille vom Volk zu den Regierungen hin entsteht, besser zu organisieren. Ein Vorbild haben die Schweden mit ihrem Bürgerdialog über die künftige Energieversorgung gegeben. Dies bringt für die Öffentlichkeit allerdings Anforderungen mit sich, die demokratiegeschichtlich neu sind und auch so angesprochen werden sollten. Seit den Anfängen der Demokratie galt »das Recht, sich ungehindert und ohne Erlaubnis mit anderen zu versammeln, [...] als Zeichen der Freiheit, Unabhängigkeit und Mündigkeit des selbstbewußten Bürgers«, und um dieses Recht muß auch heute noch immer wieder gekämpft werden, wie das Brokdorf-Urteil des Bundesverfassungsgerichts, aus dem das Zitat stammt, beweist. Gleichermaßen ist die Meinungsfreiheit »eines der vornehmsten Menschenrechte überhaupt, welches für eine freiheitliche demokratische Staatsordnung konstituierend ist« (BVerfGE 69, 315 / 344). Mit den Rechten allein aber ist es heute nicht mehr getan, sondern zu den Rechten der Meinungs- und Versammlungsfreiheit kommt meines Erachtens nun auch die *Pflicht*, diese Rechte wahrzunehmen. Viele Bürger genügen dieser Pflicht, und insbesondere Minderheiten tun es. Viele würden ihr gern genügen, vermissen aber im politischen Prozeß die Beteiligungsmöglichkeiten, sich überhaupt in angemessener Weise eine Meinung bilden zu können – ihnen vor allem muß geholfen werden. Viel zu viele aber vermissen nicht einmal diese Möglichkeit, und mit ihnen ist so noch kein Staat zu machen.

Die Öffentlichkeit ist an der Entwicklung von Wissenschaft und Technik bisher nicht sonderlich interessiert. Auch skeptische Gefühle ergeben noch keine politische Meinung, wie es weitergehen sollte. Dementsprechend erfolgt der Umgang mit dem wissenschaftlichen Erkennen und der technischen Entwicklung in unserer liberalen Demokratie noch nicht so, wie es dem öffentlichen Interesse an der Wissenschaft und der öffentlichen Verantwortung für die Wissenschaft entspricht. Dies ist der Grund für mein persönliches Engagement in der Politik. Ich glaube aber, daß gerade die Wissenschafts- und Technologiepolitik der Öffentlichkeit insgesamt eine gute Chance bietet, durch die Rechte auch den Pflichten der Meinungsbildung gerecht zu werden.

Wenn dieser Weg, daß eine öffentliche Meinung entsteht, was wir für die Zukunft wissenschaftlich wissen sollten, gegangen würde, könnte an die Stelle des blinden Vertrauens in die Wissenschaft ein kritisches Vertrauen treten und kein gleichermaßen blindes Mißtrauen. Statt zum Beispiel den Molekularbiologen einfach so viel weniger Vertrauen entgegenzubringen, als es die Atomtechniker zuviel genossen haben, hätte man sich zunächst einmal an die Sozialwissenschaftler zu halten, um die gesellschaftliche Wirklichkeit der absehbaren Innovationen zu beschreiben und diese damit einer politischen Bewertung in der Öffentlichkeit allererst zuzuführen. Auf diese Weise würde zwar die Wissenschaft anders als bisher nicht mehr gänzlich aus der politischen Art der Wahrheitsfindung herausgehalten, aber nicht der Trivialität parteiförmiger Mehrheitsentscheidungen ausgesetzt, sondern sie würde umgekehrt das Niveau der Politik heben und zugleich der mit dem Grundrecht der Wissenschaftsfreiheit verbundenen Verantwortung besser gerecht werden als bisher.

Schon längst hätte es eines Adressaten für die vielen Wissenschaft und Technik betreffenden Fragen bedurft, die es in der Öffentlichkeit gibt. Zynisch könnte man fragen: Warum soll der Bürger es besser haben als das Parlament?, aber die Antwort kann nur sein, daß der jetzige Zustand für beide gleichermaßen entwürdigend ist. »Jeder, der kritische Anliegen und Argumente zu einer Technologieentwicklung vorträgt oder als Bürger erfährt, möchte doch gewiß sein dürfen, daß diese Anliegen und Argumente entweder widerlegt, aufgenommen oder einer fairen und rationalen Bearbeitung zugeführt werden.« (Ueberhorst 1986) Um die »Kommunikationskompetenz dieser Kommunikationsgemeinschaft«, die wir alle in Wissenschaft, Wirtschaft und Politik miteinander sind, zu entwickeln, muß mehr getan werden als bisher.

Zwar gibt es Enquete-Kommissionen, evangelische, katholische und politsche Akademien und natürlich die vielen Hochschulen, die als Foren der Wahrheitssuche außerhalb der Interessenkonflikte Orte der Versöhnung des Erkenntnisinteresses mit dem öffentlichen Interesse werden könnten. Woran es aber mangelt, sind einerseits weitere verbindende Räume zwischen Wissenschaft und Politik in der Öffentlichkeit, andererseits diese Verbindung selbst.

Am unteren Ende fehlt vor allem ein sachgerechter und fairer Beratungsprozeß in Standortfragen. Es ist himmelschreiend, wie hier mit den Bürgern umgegangen wird, sei es wegen atomtechnischer Anlagen, Deponien oder sonstiger Industrieanlagen. Sachgerecht wäre ein Prozeß, in dem ein Anspruch auf Heimat, wie ich ihn als ein Recht vorgeschlagen habe (1984), gewahrt wird, in dem also Bürger ihre Heimat nicht verlieren, ohne daß sie sie verlassen. Und fair ist ein Verfahren jedenfalls nur dann, wenn die Betroffenen letztlich als die eigentlichen Experten für ihre eigene Betroffenheit akzeptiert werden. *Was an keinem Ort im Lande friedlich zu realisieren ist, kann auch nicht im Interesse des Ganzen sein.* Daraus folgt nicht, wie mir oft entgegengehalten wird, daß dann gar keine Standorte mehr gefunden werden könnten.

Zum Beratungsprozeß gehört auf seiten der Betroffenen, das Projekt nicht von vornherein auszuschließen, und auf seiten derer, die es betreiben, gleichermaßen offen dafür zu sein, daß es an dem betreffenden Standort nicht verwirklicht wird. Die Offenheit, das Projekt vielleicht doch zu akzeptieren, ist von den Betroffenen aber nur dann zu erwarten, wenn die Betreiber gleichermaßen offen für das entgegengesetzte Ergebnis sind. Zur beiderseitigen Offenheit gehört natürlich eine gleichgewichtige Beteiligung an den sogenannten Vorverhandlungen mit den Genehmigungsbehörden. Das bisherige Beteiligungsverfahren, ein Projekt zwei Monate lang – während der behördlichen Öffnungszeiten – auszulegen, nachdem sich Antragsteller und Genehmigungsbehörden in manchmal jahrelangen Vorverhandlungen auf einen genehmigungsfähigen Antrag geeinigt haben, ist eine blamable Farce. Werden die Bürger an den Vorverhandlungen beteiligt, so haben sie die Möglichkeit, ihr Ja an bestimmte Bedingungen zu knüpfen. Ich bin sicher, daß viele Bürger letztlich einsehen werden, mit bestimmten Unzulänglichkeiten von Wissenschaft und Wirtschaft – wie sie sich zum Beispiel in Deponien anhäufen – noch eine Weile leben zu müssen, solange nicht nur Mehrheiten ihren Vorteil dabei finden, von Minderheiten Solidarität zu verlangen.

Etwa ebenso traurig wie nach unten hin, bei den Standortverfahren, steht es am oberen Ende, bei den Regierenden. Dort werden Unbeweglichkeiten zwar immer wieder dadurch gerechtfertigt, daß man auf wirtschaftliche Interessen, Arbeitsplätze und die öffentliche Meinung Rücksicht nehmen müsse. Als aber zum Beispiel 1980 die Energie-Enquete des Bundestags dem Parlament und der Bundesregierung einen Handlungsspielraum gewiesen hatte, der durch einen öffentlichen Prozeß der Meinungsbildung im Gefolge der Kommissionsarbeit politisch hätte verwirklicht werden können, haben die Regierungen dies nicht einmal wahrgenommen und die Chance vertan. Wenn es nun einmal so ist, daß Regierungen weniger regieren als reagieren, sollten sie auf öffentliche Kontroversen wenigstens so reagieren, daß sie von vornherein etwas für ihren möglichst konstruktiven Austrag tun, und nicht nur die Polizei schicken, wenn einige nicht mehr weiter wissen. »Ein politisches System verhält sich dann rational, wenn es kommunikative Prozesse organisiert, die dazu führen, daß die in der Gesellschaft diskutierten oder zu diskutierenden Alternativen politisch erörtert und abgewogen werden. Versäumte, verhinderte, verweigerte, verkürzte, abgebrochene Diskurse bewußt zu machen und die Möglichkeit ihrer Durchführung aufzuzeigen, wird zu einer ständigen Aufgabe für Politik und Wissenschaften.« (Ueberhorst)

Wie solche diskursiven Prozesse in der breiten Öffentlichkeit zu organisieren wären, damit es zur Verbindung der einzelnen Räume kommt, bedarf besonderer Überlegungen. Ich stelle mir vor, daß die zu erörternden Fragen entweder in der oben beschriebenen Weise aus der Wissenschaft oder von irgendwoher aus der Öffentlichkeit kommen und an einen noch zu schaffenden Adressaten *A* zu richten wären. Dieser sollte sich seinerseits nicht um Antworten, sondern im Sinn einer Clearing-Stelle um die Beantwortung – durch andere – bemühen, den Fragen jedoch weiter nachgehen, wenn die Antworten nicht befriedigend sind. Dazu bedarf es sachverständiger Beratungen und eines Feststellungsmodus.

Bleibt eine Frage kontrovers und handelt es sich nicht um eine durch wissenschaftliche Arbeit lösbare, sondern um eine politische Frage von öffentlichem Interesse, so sollte die Clearing-Stelle im Einvernehmen zum Beispiel mit dem Bundespräsidenten einen Allgemeinen Rat *AR* ausrufen dürfen, der jedoch verschiedene Grade der öffentlichen Beteiligung haben kann. In jedem Fall sollten – zum Beispiel durch eine Zufallsauswahl in der Bevölkerung oder durch passend ausgewählte Vereinigungen – sozusagen Schöffen benannt werden. In großen Fragen wie denen der Friedens- und der Energiebewegung bedürfte es ihrer einiger Tausend, sonst vielleicht nur einiger Hundert. Den Schöffen wären unter Mitwirkung der Clearing-Stelle Wissenschaftler zur Anhörung zu empfehlen (bundes- oder landesweit), jedoch sollten grundsätzlich alle Wissenschaftler ein (begrenztes) Anhörungsrecht haben, damit auch Außenseiter, die nicht benannt werden, sich zu Gehör bringen können. Je nach der Tragweite des Problems sollten dann die Schöffen für sich oder unter mehr oder weniger weitgehender Beteiligung der Allgemeinheit einzugrenzen suchen, welches der politisch zu bewertende Kern des Problems für die Gesellschaft *G* ist. Dazu gehört die Unterscheidung von Alternativen und die Einigung über die Gesichtspunkte, unter denen sie zu bewerten sind. Eine Verwaltung dahin zu bringen, daß sie mehrere Wege gleichzeitig geht, ist zwar fast unmöglich, dem Bürger aber darf ein Weg nicht nur deshalb akzeptabel erscheinen müssen, weil er keinen anderen sieht.

Dieser Prozeß wäre von Akademien und Hochschulen in geeigneter Form mitzutragen und sollte in der Regel einige Monate, möglichst aber nicht viel länger als ein Jahr dauern. Nachdem er zu einem Abschluß gekommen ist, müßte es schließlich zu einem Urteil *U* durch die Schöffen *S* kommen. Das Ergebnis des Allgemeinen Rats der Gesellschaft im Urteil der Schöffen, *ARGUS*, wäre den politischen Instanzen und den Parteien zur weiteren Beratung und zur Entscheidung zuzuleiten. Die Bundesregierung oder die angesprochenen Landesregierungen sollten zur Stellungnahme verpflichtet sein. Sie dürften von der Empfehlung abweichen, hätten dafür dann aber eine Begründungspflicht.

Das wichtigste Thema für einen allgemeinen demokratischen Diskurs, wie ich ihn vorschlage, wären wohl zunächst die Perspektiven der Molekularbiologie. In diesen Zusammenhang gehört die Entwicklung der Chemie. Unter dem Gesichtspunkt, mit Sonnenenergie – und Einspartechnologien – wirtschaftlich vielversprechende Wege in der Mikroelektronik und vielleicht auch in der Biotechnologie zu gehen, sollte auch die Energiefrage im Rahmen der allgemeinen Entwicklung erneut öffentlich erörtert werden. Von aktuellem Interesse sind schließlich die Entscheidungen über das künftige Informationssystem (Telekommunikation, Verkabelung) und die mit Datenspuren verbundenen Überwachungsmöglichkeiten.

Ich finde es wichtig, daß *ARGUS*-Prozesse nicht an den Parteien vorbeilaufen, sondern in diese hineinwirken. Parteien an der politischen Willensbildung mitwirken zu lassen, hat einen guten Sinn, es tut ihnen und der Politik lediglich nicht gut, wenn sie damit von der Öffentlichkeit alleingelassen werden. Ueberhorst hat (1986) mit Recht gefordert, von der positionellen, immer nur das Gesicht wahrenden und nicht selbstkritischen Form der Politik zu einem neuen Politikstil, dem der grundsätzlich an der vergleichenden Bewertung von Alternativen orientierten und in dieser Weise lernfähigen Politik überzugehen.

Das Ziel von *ARGUS* ist in diesem Sinn die Erosion der positionellen Verfestigungen in der Politik durch demokratisch partizipative Willensbildungsprozesse in den großen Fragen der Zukunft unserer Industriegesellschaft. »Wollen wir den großen demokratischen Diskurs über solche Fragen, dann wird Politik mehr, als sie heute ist«, aber Politik muß »mehr werden [...] als die Väter und Mütter des Grundgesetzes meinten, damit sie nicht weniger wird, als sie sich vorstellen konnten« (Erhard Eppler).

(Textgrundlage: Klaus Michael Meyer-Abich, Wissenschaft für die Zukunft. Verlag C. H. Beck, München 1988.)

# Arbeitsgruppe I: Informationstechnik

## Ruth Leuze: Die Informationsgesellschaft – eine schöne neue Welt?

»O Wunder!
Was gibt's für herrliche Geschöpfe hier!
Wie schön der Mensch ist!
Schöne neue Welt, die solche Bürger trägt!«

Diese Worte der Miranda aus Shakespeares »Sturm« legt Aldous Huxley in seinem utopischen Roman Michael, dem Wilden, in den Mund, als dieser erstmals ein menschliches Wesen aus der phantastischen Welt des mythenumwobenen Ford erblickt – des amerikanischen Autokönigs, der, weil er der Fließbandproduktion zum Durchbruch verhalf, bei Huxley an Gottes Stelle tritt und zum Begründer einer neuen Zeitrechnung wird.[1] »Brechen wir gleich auf«, ruft der Wilde ungeduldig. Er will mit eigenen Augen den verheißungsvollen Weltstaat sehen, dessen Wahlspruch »Gemeinschaftlichkeit, Einheitlichkeit und Beständigkeit« unwillkürlich Assoziationen an die Parole der französischen Revolution weckt.

Doch lassen wir uns nicht täuschen: Bei Huxley geht es um totalitäre Herrschaft durch Glück. Dieser utopische Staat setzt, um seine unumschränkte Macht zu erhalten, alles daran, »die Menschen ihre unentrinnbare soziale Bestimmung lieben zu lehren« und darauf auszurichten, daß sie allein ihrem Vergnügen leben. Seine Mittel zum Zweck sind eine hochentwickelte Technik, eine die Natur durch künstliche Zeugung und Genmanipulation überlistende Medizin, die stets verfügbare Glücksdroge Soma und fortlaufende Indoktrination bei Tag und Nacht. Die so produzierten Bürger sind gesichts- und alterslose Konformisten, die abgezählt und in Klassen eingeteilt zufrieden vor sich hin leben. Taucht gelegentlich einmal infolge ungenügender Normung – so kleine Schwächen leistet sich dieser Staat – ein Außenseiter auf, der gegen das verordnete Glück rebelliert und statt dessen ein Recht auf Freiheit, Sünde, Gefahr, ja Unglück fordert und dagegen ankämpft, alles öffentlich tun und nach der Devise »jeder ist jedermanns Eigentum« leben zu müssen, kennt der Weltstaat nur eine Antwort: Schmähungen und anschließende Verbannung auf die Individualisten-Insel. Dort nimmt auch der Wilde aus Verzweiflung, was ihm in dieser verheißungsvollen neuen Welt widerfuhr, ein schreckliches Ende.[2]

In Huxleys Staat gibt es also kein Recht, für sich zu sein, sich selbst zu gehören und in Ruhe gelassen zu werden;[3] kein Recht, aus eigener Selbstbestimmung zu planen und zu entscheiden, und folglich auch keine Möglichkeit, sich entsprechend einer solchen Entscheidung tatsächlich zu verhalten. In krassem Gegensatz zum Menschenbild des Grundgesetzes, das sich an der menschlichen Würde als höchstem Wert orientiert und einen autonomen Bereich privater Lebensgestaltung garantiert, in dem jeder seine persönliche Note entwickeln und wahren kann,[4] ist bei Huxley jegliche Individualität ausgemerzt. In seinem visionären Staat hat deshalb auch niemand die Chance, grundsätzlich selbst über die Preisgabe und Verwendung der eigenen Daten zu entscheiden und damit weitgehend selbst zu bestimmen, was seine soziale Umwelt von dem, was seine Persönlichkeit ausmacht, weiß – von seinem Denken, Meinen, Fühlen, Wünschen, Träumen, Tun, Unterlassen, Hassen, Erfahren und Erinnern. Trotz dieser völligen Negation eines Grundrechts auf Datenschutz im Staate des großen Ford stellt sich gleichwohl die Frage: unsere Informationsgesellschaft – eine schöne neue Welt?

»Sechsundneunzig völlig identische Geschwister bedienen sechsundneunzig völlig identische Maschinen! Da weiß man doch zum ersten Mal in der Weltgeschichte, woran man ist!« Hier gibt es nicht mehr bloß gelegentlich »lumpige Zwillinge oder Drillinge wie in alter Zeit«, sondern stets je nach Bedarf selbst »die Belegschaft für einen ganzen Fabrikbetrieb aus einem einzigen präparierten Ei«. So preist der Direktor der Brut- und Normungszentrale mit vor Begeisterung bebender Stimme die Vorzüge des Weltstaates, und sein Mitarbeiter attestiert: »Unvorhergesehener Mehrverbrauch ist sofort gedeckt; ja sofort – Sie ahnen ja gar nicht, wie viele Überstunden ich nach dem letzten Erdbeben machen mußte.« Mit solchen Menschen nach Maß stets zur rechten Zeit, mit solchem Bedienungspersonal können die Maschinen laufen und laufen – ewig und ohne Stillstand,[5] wie es dieser Staatsapparat zur Erhaltung seiner Macht unbedingt braucht. Seine atemberaubende Allianz von Gentechnik und High Tech ist zwar gewiß nicht unsere Realität, aber inzwischen längst mehr als bloße Utopie. Sie ist in vielerlei Hinsicht reale Gefahr.

## *I.*

Ein Leben ohne Technik ist für uns nicht minder undenkbar als für Huxleys Utopisten. Allein die moderne Elektronik, von der hier und jetzt nur zu reden ist, brachte in einem unvorstellbaren Ausmaß mehr Lebensqualität per Knopfdruck hervor. Weil wir überaus gelehrige Schüler des Huxleyschen Weltstaates sind, drücken wir, ohne nachzudenken,[6] die Knöpfe unserer Taschenrechner, Schreibmaschinen, Diktiergeräte, programmierten Küchenherde und Waschmaschinen, Kabelfernseher, Videotext- und Btx-Geräte, CD-Schallplattenspieler und Autos mit elektronischer Steuerung und Bremse. Die Videokameras an Straßen, Kaufhäusern, Banken und Behörden fallen uns schon lange nicht mehr auf; selbst Demonstranten haben sich an das Filmen der Polizei aus den Begleitfahrzeugen des Demonstrationszugs gewöhnt. Computergesteuerte Röntgengeräte und Herz-Lungen-Maschinen sind seit Jahren selbstverständliche Apparaturen in unseren Krankenhäusern. Immer mehr preiswerte Heimcomputer stehen in den Wohnungen, womit die Kinder Fußball oder Krieg spielen, die Mutter in Heimarbeit die Buchhaltung ihres Betriebs erledigen und der Vater liegengebliebene Geschäftspost beantworten kann; selbst eine Partie Schach kann er gegen diesen mit allen Wassern gewaschenen elektronischen Spieler wagen. Polizeibeamte fragen in Sekundenschnelle mit Hand- oder Autofunkgeräten die Eigentümer vorbeifahrender Autos beim Kraftfahrt-Bundesamt in Flensburg ab und dazu alles, was manche Polizeicomputer über diese Autofahrer registrieren.

Inzwischen ist die Elektronik so perfekt, daß es oft nicht einmal mehr unseres Knopfdrucks bedarf: Man denke an die Fertigungshallen großer Autokonzerne, in denen Roboterstraßen ohne Steuerung durch Menschenhand Motoren zusammensetzen und Karosserien schweißen, oder an den Autopiloten, der während des Höhenflugs über dem Atlantik das Flugzeug steuert, solange der Kapitän Pause macht. Mehr noch: Eine Bundeswehr-Fachhochschule entwickelt gerade zur Entlastung der Fernfahrer den elektronischen Beifahrer, der bei gefährlichen Situationen den Fahrer warnt und bei eintöniger Autobahnfahrt ablöst. Auch wird es schon bald das »sehende Auto« geben, das mit seinen elektronischen Kameras und Bordcomputern ohne jedes menschliche Zutun je nach Straßenverhältnissen und Verkehr schnell oder langsam fährt, ausweicht, überholt oder die Spur wechselt.

Alles in allem: Seit die EDV Ende der sechziger Jahre ihren Siegeszug antrat, wurden die Computer immer schneller, billiger, leistungsfähiger, vielfältiger einsetzbar und leichter handhabbar. Gerade in den letzten Jahren überschlug sich die Entwicklung wieder einmal förmlich: Seit es möglich ist, Direktverbindungen vom Bildschirm am Arbeitsplatz zum oft weit entfernten Rechenzentrum zu schalten, erübrigt sich der zeitraubende Transport der Magnetbänder per Kurier zwischen beiden. Die neuen Arbeitsplatzrechner, die den reinen Befehlsempfänger »Terminal« ablösten, können ohne Mithilfe des Rechenzentrums Texte erfassen, bearbeiten und kopieren, ja sogar komplizierte mathematische Gleichungen lösen und Bilder umsetzen. Seitdem ist es ein leichtes, sich am Arbeitsplatz aus den Dateien des Rechenzentrums eigene Datensammlungen anzulegen und damit nach Belieben zu schalten und zu walten, ohne daß das Rechenzentrum etwas davon bemerkt – geschweige denn, das Geschehen beeinflussen kann. Außerdem schossen in den letzten Jahren die modernen Kleinrechner wie Pilze aus dem Boden und halfen vielen EDV-Benutzern, sich vom Rechenzentrum völlig zu emanzipieren. Einen noch größeren Entwicklungssprung machte die Software mit den neuen, problemorientierten Programmsprachen und darauf abgestimmten Datenbanksystemen. Seit deren Einsatz haben Laien keinerlei Schwierigkeiten mehr, in Informationssystemen zu recherchieren und die gespeicherten Informationen beliebig zu kombinieren und zu verknüpfen; der bis dahin dazu unentbehrliche Spezialist, der Mohr, hat seine Schuldigkeit getan. Außerdem wachsen die vielen Einzelnetze mehr und mehr zusammen, so daß es inzwischen so gut wie keine technische Barriere mehr gegen unbegrenzten Datenfluß gibt.

Die elektronische Informationsverarbeitung steht damit aber noch längst nicht am Ende ihrer Möglichkeiten. Die Computer der nächsten, fünften Generation werden noch schneller rechnen und noch mehr Informationen verarbeiten, weil hier dreierlei zusammentrifft: Die Chips bestehen dann nicht mehr aus Silicium, sondern aus Galliumarsenid, Hochtemperatur-Supraleitern oder anderen Stoffen, welche die Bits noch schneller durchschleusen. Ein so gebauter CRAY 3 kann in einer einzigen Sekunde 20 Milliarden Mal addieren oder multiplizieren und ist damit um ein Vielfaches fixer als der heutige, vielgerühmte CRAY 2. Zum anderen sind dann Parallelrechnerarchitekturen gang und gäbe, so daß der Computer komplexe Aufgaben nicht mehr Schritt für Schritt hintereinander lösen muß, sondern in einzelne Abschnitte zerlegen und gleichzeitig bearbeiten kann. Schließlich wird

Licht statt Strom die Antriebskraft sein, wodurch die Speicherkapazität der Platten im Computer nochmals um etwa das Tausendfache steigt und die Datenübertragung zwischen einzelnen Computern noch viel schneller abläuft: So kann die Bundespost in ihrem künftigen lichtbetriebenen Glasfasernetz Bigfon bis zu sieben Millionen Buchstaben pro Sekunde, dagegen in ihren konventionellen, mit Strom betriebenen Standleitungen allein 1200 Buchstaben pro Sekunde transportieren. Hand in Hand mit diesen Innovationen der Hardware und Übertragungstechnik gehen drastische Leistungssteigerungen der Software: Statt des mühsamen Umsetzens in Programmsprachen können wir künftig dem Computer unsere Probleme in unserer Sprache darlegen und im Zwiegespräch mit ihm seine Aufgaben formulieren; er entwickelt dann selbst die nötige Software.

Fazit all dessen ist: In naher Zukunft wird die Bundesrepublik ein alle Informationsdienste integrierendes Datennetz überziehen, über das jeder mit jedem über alles mühelos kommunizieren kann.

## *II.*

Weil die Verantwortlichen in Politik, Wirtschaft und Gesellschaft seit geraumer Zeit fest entschlossen sind, diese Innovationen nach Kräften zu fördern und zu nutzen, sind inzwischen immer mehr Erwerbstätige mit dem Beschaffen, Registrieren und Auswerten von Informationen beschäftigt. Die Informationsgesellschaft zieht auf. Längst hat das weltweit verfügbare Wissen gewaltige Ausmaße angenommen: Täglich erscheinen etwa 10000 wissenschaftliche Veröffentlichungen, 80000 Tageszeitungen, 100000 Zeitschriften; die Nachrichtenagenturen produzieren zusätzlich Worte en masse.[7] Niemand ist mehr in der Lage, ohne technische Hilfe einen zuverlässigen Überblick über ein noch so kleines Fachgebiet zu haben.

Andererseits ist mehr denn je in der Vorhand, wer schnell, zuverlässig und umfassend über Sachverhalte und Personen informiert ist und damit die besseren Entscheidungsgrundlagen hat. Informations-, Auskunfts- und Recherchiersysteme sind daher der große Renner. Inzwischen soll es weltweit 3200 jedermann zugängliche, vielfach untereinander verknüpfte Datenbanken geben: Nahezu alle davon sind aus der Bundesrepublik online erreichbar.[8] Bekannt sind hier vor allem die Datenbanken von JURIS für Rechtsanwälte, Richter und Verwaltungsbeamte, von DATEV für Steuerberater, GENIOS für die Wirtschaft und DIMDI für Ärzte und Kliniken. Erst recht legen sich die einzelnen Institutionen ihre eigenen, der Außenwelt verschlossenen Auskunftssysteme an: Man denke nur an das gespeicherte Wissen über Produkte, Geschäftsbeziehungen, Kunden und Mitarbeiter bei Konzernen, Firmen, Versicherungen und Banken. Nicht anders macht es der Staat: Längst sind die Informationstechniken seine unentbehrlichen Helfer, Informationen über Vorgänge jeglicher Art, Bürger und Mitarbeiter zu registrieren und abzufragen. Jeder von uns ist darin längst vielfach erfaßt. Die Namen dieser Informationssysteme suggerieren nur zu oft eine schöne neue Welt: da gibt es BABSY, USCHI und SISSI; HEIDI und OLAF; PAISY und DAISY; STAR, FALK und FINK; dazu HESSIAS und MUETHOS, PALLAS und IDEAL, PIOS und APIS, PENTA und NADIS. Trotz dieses Wohlklangs geht es dabei keineswegs bloß um harmlose Dinge wie das Bestellen von Theaterkarten[9], sondern auch zum Beispiel um die »Datei über Staatsfeinde und Terroristen«, in der das Landeskriminalamt Baden-Württemberg immer noch Personen speichert, die allein zum Abschneiden der Kennummer von Volkszählungsbogen aufgerufen haben,[10] oder um seine »Personenauskunftsdatei« mit 900000 registrierten Personen und 2,5 Millionen tatsächlich oder mutmaßlich begangenen Straftaten, auf die alle 23000 Polizeibeamte des Landes rund um die Uhr im Sekundenbetrieb zugreifen können und die sie monatlich zirka 370000 Mal abfragen. Weitere 100000 Abfragen tätigen sie im Flensburger Fahrzeugregister. Abrufe zuhauf erfolgen auch im bundesweiten Fahndungsbestand INPOL, worin gegenwärtig 200000 Personen ausgeschrieben sind. Zudem unterhält die Polizei in Baden-Württemberg mehr als 40 Spurendokumentationssysteme über Unfallflucht, Wohnungseinbrüche, Hausbesetzungen und ähnliches, worin sie undifferenziert Verdächtige, Hinweisgeber, Anzeigeerstatter und Geschädigte speichert. Außerdem gleicht das Landeskriminalamt die Daten jedes der 700000 umgezogenen Bürger im Lande zwölf Monate lang mit dem Fahndungsbestand INPOL ab.[11]

Alles in allem: Der Staat verfügt inzwischen über eine kommunikationstechnische Infrastruktur und über Informationssysteme, die gerade dazu einladen, die Enge und Isoliertheit der einzelnen Verwaltungszweige aufzulösen, Grenzen zu überwinden, immer mehr Informationen über Bürger zu sammeln, zu speichern, zu verknüpfen und ihnen durch Herauslösen aus ihrem Kontext einen anderen Sinn und Aussagewert beizumessen. Mehr denn je sind diese darauf angelegt, noch vorhandene Freiräume einzuschränken und das Verhalten der Bürger stärker zu kontrollieren. Gerade aber diese Intentionen laufen dem Grundrecht auf Datenschutz zuwider: Es verbrieft jedermann, auch im elektronischen Zeitalter grundsätzlich selbst über die Preisgabe und Verwendung seiner Daten zu entscheiden und Eingriffe in das informationelle Selbstbestimmungsrecht nur hinnehmen zu müssen, wenn der Gesetzgeber sie im überwiegenden Allgemeininteresse ausdrücklich zugelassen hat. Nur so kann auch unter den Bedingungen der modernen Datenverarbeitung jeder abschätzen, wer wann bei welcher Gelegenheit was über ihn weiß, und danach sein Verhalten einrichten. Klare Vorgaben, was der Gesetzgeber hierfür zu tun und zu lassen hat, machte das Bundesverfassungsgericht in seinem Volkszählungsurteil vom 15. Dezember 1983.[12]

## *III.*

Trotzdem brachte diese richtungsweisende Entscheidung keine Befriedung. Bald nachdem sich die Wogen wegen des gescheiterten Zensus gelegt hatten, setzten die Auseinandersetzungen um den Datenschutz erneut ein. Seitdem ist im Streit, welche Konsequenzen aus der Begründung dieses Urteils, der eigentlichen Sensation, zu ziehen sind. Sie hat die Verwaltung ins Mark getroffen: Während die Behörden bis dahin nach dem Motto verfahren waren, »alles ist erlaubt, was nicht verboten ist«, forderte das höchste Gericht nun von ihnen ein Handeln nach der gegenteiligen Maxime des »Alles ist verboten, was nicht erlaubt ist« ein.

Rasch war der Verwaltung klar: Eine strikte Befolgung dieses Gebots müßte zum Abbau staatlicher Informationsverarbeitung führen. Weil sich vornehmlich die Ministerien damit nicht abfinden wollten, verständigten sie sich auf eine Strategie der Schadensbegrenzung[13] und verlegten sich darauf, anfangs nur leise, dann aber immer deutlicher die angeblichen Folgen des Volkszählungsurteils in schlimmsten Farben an die Wand zu malen. Von völligem Stillstand der Verwaltung, unübersehbarem Paragraphenwald und Überbürokratisierung war die Rede. Um Zeit zu gewinnen, holten sie Gutachten zuhauf ein, erteilten weiß wem Prüfungsaufträge, bildeten Bund / Länder-Gremien, koordinierten, konferierten und diskutierten.

Die Rechnung ging auf. Der Elan für den Datenschutz ließ nach; Gegenströmungen wurden allerorts aufgebaut. Der Widerstand gegen den Datenschutz ist seitdem in Politik, Wirtschaft und Verwaltung wieder erheblich gewachsen und inzwischen, so scheint zumindest mir, mancherorts stärker als vor dem Volkszählungsurteil. Fröhliche Urständ feiern erneut Schlagworte aus vergangener Zeit wie »Datenschutz gleich Tatenschutz«, »Innere Sicherheit geht vor Datenschutz«, und das alte Lied vom überzogenen Datenschutz ertönt laufend in vielerlei Variationen.

Heute, viereinhalb Jahre nach dem Karlsruher Richterspruch, sieht die Bilanz für den Datenschutz düster aus. Zwar fehlt es nicht an vollmundigen Lippenbekenntnissen; doch die Taten lassen auf sich warten. Die großen Reformvorhaben, welche über die Zukunft des Datenschutzes entscheiden, stehen noch aus – nicht zuletzt, weil der Bundesminister des Innern seine Führungsrolle für den Datenschutz nicht genügend wahrnahm und hierbei die nachhaltige Unterstützung mancher Länderkollegen fand. Im Gegensatz zu Hessen, Nordrhein-Westfalen und Bremen, die nach anfänglicher Kooperation das große Warten auf Bonn nicht mehr mitmachen wollten und inzwischen eigene richtungsweisende Datenschutzgesetze erlassen haben[14], halten es die anderen Länder nach wie vor mit der »Leitbildfunktion« des Bundes. Was mit der her ist, zeigte das 1986 vom Bundesminister des Innern geschnürte Paket der »Datenschutz- und Sicherheitsgesetze«[15]. Man kann nur froh sein, daß es weitgehend scheiterte – ging es doch dabei primär darum, den Status quo festzuschreiben, ja die Befugnisse der Sicherheitsbehörden zu erweitern. So kam es, daß wir nur einige neue bereichsspezifische Vorschriften haben: Verordnet wurde uns unter anderem wegen des angeblichen Sicherheitsgewinns der maschinenlesbare Personalausweis und Reisepaß; es ergingen im Prinzip begrüßenswerte Archivgesetze, einige unproblematische Statistikgesetze und last but not least das nicht gerade befriedigende ZEVIS-Gesetz.

Ganz gleich, wie man zum Inhalt dieser Datenschutzvorschriften im einzelnen steht: Sie zeigen, welch geringen Kurswert Rechtsdogmatik und -systematik im Datenschutzrecht haben. Unübersichtlichkeit ist die Folge. Es droht die Gefahr, daß sich im Datenschutzrecht nur noch wenige Spezialisten auskennen, der Bürger aber in dem Vorschriftengestrüpp nicht mehr zu erkennen vermag, was den Datenschutz von Verfassungs wegen eigentlich ausmacht. Wer dies kritisiert, bekommt freilich rasch zu hören, das alles geschehe im Einklang mit den Vorgaben des Bundesverfassungsgerichts im Volkszählungsurteil.[16] Bei solcher Einstellung können wahrlich »die Räder ewig laufen«[17].

## *IV.*

Was tut not in dieser kritischen Situation? Um es vorweg zu sagen: Ein Patentrezept gibt es nicht. Radikale Lösungen stehen wegen der unbestreitbaren Vorteile, welche die Informations- und Kommunikationstechniken infolge der Vielgestaltigkeit und Vielfalt ihrer Anwendungsmöglichkeiten haben, nicht ernsthaft zur Diskussion. Ausstieg oder zumindest Teilverzicht sind so, wie die Dinge gegenwärtig liegen, keine Alternative. Was wir aber auf jeden Fall fordern müssen, ist eine andere Einstellung zu den Gefahren für die Freiheit der Bürger, welche mit der neuen Informationstechnik einhergehen. Um diese Bewußtseinsänderung zu bewirken, brauchen wir:

- *Mehr und bessere Informationen über die Risiken der Informations- und Kommunikationstechniken.* Wer mit Informatik-Professoren, Vertretern von Hard- und Softwarehäusern, Nachrichtentechnikern und Netzspezialisten zu tun hat, sich auf der CEBIT umschaut oder mit Anwendern einzelner Informations- und Kommunikationstechniken verhandelt, macht immer wieder dieselbe Erfahrung: Alle preisen die Vorzüge ihrer Technik wärmstens an; über die konkreten Risiken schweigen sie meist; selbst auf Befragen ist ihnen dazu nicht viel zu entlocken; das Problembewußtsein fehlt weitgehend. Bei Großprojekten, zum Beispiel der Umsetzung des Landessystemkonzepts in Baden-Württemberg, reden sich amtliche Stellen nur zu gerne damit heraus, man schaffe ja lediglich die Infrastruktur; der Betrieb erfolge dann selbstverständlich im Rahmen des Datenschutzes – ganz so, als ob der Datenschutz nur ein Schmuckstück wäre, das man noch als letzten Pfiff ans Kleid steckt. Ein verantwortlicher Umgang mit der Informationstechnik verlangt von Erfindern, Herstellern und Anwendern, die Technologiefolgen von Anfang an zu bedenken und darzulegen, wo jeweils die Risiken oder Defizite für den Datenschutz liegen. Damit solche Aussagen nachvollziehbar und verständlich sind, muß die Informatik vor allem auch ihre Sprachbarrieren abbauen. An ihnen scheitern bislang nur zu oft nicht bloß blutige Laien, sondern auch Vertreter anderer Fachrichtungen, die das interdisziplinäre Gespräch suchen. Da liest man zum Beispiel in einer Fachzeitschrift für Anwender aus der öffentlichen Verwaltung und Wirtschaft Sätze wie: »Sun verbindet MS-Dos und Unix«, »Unix bekommt graphische Benutzeroberfläche«, »Motorola schneidet Risc-Kuchen an« oder »BIG BLUE rüttelt an Apples Desktop-Thron«[18]. Da ist von biologischen Endgeräten[19], Back-up-Kopie und dergleichen mehr die Rede – ganz so, als ob man das alles nicht auch verständlicher sagen könnte. Was haben sich wohl die Minister von Baden-Württemberg vorgestellt, als sie am 16. Dezember 1985 einer Vorlage der Stabsstelle für Kommunikation und Information des Staatsministeriums über das künftige Landesverwaltungsnetz zustimmten, in der es von Sätzen wimmelte wie: »Eine Implementierung der Protokolle nach OSI-Normung ist in der Übergangszeit auch dann bereits vorzusehen, wenn noch nicht alle sieben Schichten vollständig definiert sind?«

- *Eine Gesamtkonzeption der rechtlichen Rahmenbedingungen für den Einsatz von Informationstechniken.* Ich weiß wohl, daß eine solche rechtssystematische Konzeption einen gewaltigen Kraftakt erfordert – zum einen, weil das Grundrecht auf Datenschutz noch keine klaren Konturen und keine feste Tradition hat, und zum anderen, weil es in nahezu alle Verwaltungszweige hineinwirkt mit der Folge, daß eine solche Konzeption praktisch keinen Bereich staatlichen Handelns außer acht lassen kann. Wer die daraus resultierenden Anstrengungen scheut und meint, es genüge, die Bedingungen der Datenverarbeitung von Fall zu Fall isoliert für jeden einzelnen Verwaltungszweig festzulegen, der unterschätzt den Hang der Spezialisten aller Fachgebiete, ihre bisherige Praxis festzuschreiben und sich noch weitere, das Grundrecht auf Datenschutz immer mehr aushöhlende Möglichkeiten offenzuhalten. Meint man es mit dem Volkszählungsurteil ernst, kann man deshalb solchen Entwicklungen nicht ihren Lauf lassen.

- *Eine effektive Datenschutzkontrolle.* Dies will die Exekutive schon gleich gar nicht, wie der neue Referentenentwurf zur Novelle des Bundesdatenschutzgesetzes aus dem Bundesinnenministerium belegt.[20] Offiziell heißt es zwar darin, die Kompetenzen der Datenschutzkontrolle würden erweitert; in Wirklichkeit aber werden sie massiv beschnitten. Geht es nach diesem Plan, darf sich die Kontrollinstanz in Zukunft nicht einmal mehr mit den vielen Antragsformularen und Fragebogen befassen, deretwegen sich seit jeher Bürger besorgt an sie wenden. Ebensowenig soll sie sich noch durch systematische Kontrollen davon überzeugen dürfen, ob zum Beispiel Finanzämter das Steuergeheimnis, Dienstherrn das Personalaktengeheimnis sowie Mediziner und Krankenhäuser die ärztliche Schweigepflicht beachten. Selbst der Umgang mit Videoaufnahmen, Bildübertragungen und anderen modernen Techniken, deren Aufkommen einst für die Parlamente Anlaß war, die Institution der unabhängigen Datenschutzbeauftragten zu schaffen, soll ihrer Prüfung entzogen sein.[21] Zu alledem kann ich nur sagen: Wer es mit dem Datenschutz ernst meint, muß die Kontrollbefugnisse so gestalten, daß sich die Kontrollinstanz mit allem befassen kann, was das Grundrecht auf Datenschutz ausmacht.
- *Sachliche Diskussionen statt irritierenden Schlagabtauschs.* Wer die öffentliche Diskussion der letzten Jahre um den Datenschutz Revue passieren läßt, kann nicht umhin festzustellen: Das Für und Wider der anstehenden Entschei-

dungen wurde selten deutlich, weil die Verantwortlichen in Politik und Verwaltung zunehmend dazu übergingen, mit Schlagworten zu operieren statt sachlich zu informieren. Die Bevölkerung konnte sich deshalb kein genaues Bild über die abzuwägenden Aspekte machen – ganz gleich, ob es um maschinenlesbaren Personalausweis, Schleppnetzfahndung, Strukturreform der Krankenkassen oder Sicherheitsgesetze ging. Wer zum Beispiel mehr Informationen für die Polizei mit der Parole zu rechtfertigen versucht, der Datenschutz dürfe nicht zum Tatenschutz werden, verkürzt die Problematik in unzulässiger Weise: Noch nie ging es den Befürwortern des Datenschutzes darum, Straftäter der verdienten Strafe zu entziehen, vielmehr darum, deutlich zu machen: Mehr Informationen für die Polizei bedeuten keineswegs automatisch mehr Sicherheit für die Bürger, sondern können durchaus zu deren Nachteil gereichen. Der mündige Staatsbürger kann präzise Informationen über die zu treffende Entscheidung im Datenschutz erwarten – um so mehr, weil beim Datenschutz meist komplizierte rechtliche und technische Fragestellungen zusammentreffen.

Nur wenn es gelingt, wenigstens diese bescheidenen Forderungen in die Tat umzusetzen, sehe ich eine Chance, die Risiken der Informationstechnik besser in den Griff zu bekommen. Je stärker wir uns alle für diesen Wandel im Denken, Reden und Handeln engagieren, um so eher wird die Politik darauf eingehen. Deshalb kann ich nur ermuntern, an einer solchen Offensive für den Datenschutz mitzumachen.

1 Theo Schumacher, Aldous Huxley, Rowohlt Taschenbuch Verlag, 1987, S. 49 und 127.

2 Aldous Huxley, Schöne neue Welt, Fischer Taschenbuch Verlag, S. 18, 21, 24, 49, 57, 84, 124, 197, 202.

3 Vgl. BVerfGE 27,6; 35,220.

4 Leibholz-Rinck, Kommentar zum Grundgesetz, Art. 2 Anm. 3.

5 Huxley, a. a. O., S. 21–24, 49.

6 Huxley, a.a.O., S. 59.
7 Franz-Reinhard Habbel, Zugang zum Wissen der Welt, in: ÖVD 1988, S. 66ff.
8 Habbel, a.a.O.
9 EDV-Verfahren »MUETHOS«.
10 8. Tätigkeitsbericht (TB) der Landesbeauftragten für den Datenschutz Baden-Württemberg, LT-Drs. 9/5230, S. 54ff.
11 5. TB, LT-Drs. 9/940, S. 59ff.
12 BVerfGE 65, 1 ff.
13 5. TB, LT-Drs. 9/940, S. 8 ff.
14 Hessisches Datenschutzgesetz vom 18.11.1986 (StAnz. v. 15.12.1986, S. 2082); Gesetz zum Schutz personenbezogener Daten (Datenschutzgesetz Nordrhein-Westfalen) vom 15.3.1988 (GVBl. S. 160).
15 Entwurf eines Gesetzes zur Änderung des Bundesdatenschutzgesetzes, des Verwaltungsverfahrensgesetzes, des Bundesverfassungsschutzgesetzes und des Straßenverkehrsgesetzes (BR-Drs. 65/86 vom 31.1.1986).
16 Vgl. Protokoll über die 77. Sitzung des Landtags von Baden-Württemberg vom 16.9.1987, S. 6360ff.
17 Huxley, a.a.O., S. 49.
18 Computerwoche, Nr. 17 vom 22.4.1988.
19 Vgl. FAZ vom 8.2.1986, S. 11.
20 Entwurf eines Gesetzes zur Neufassung des Bundesdatenschutzgesetzes (BDSG) – Stand: 1. Mai 1988.
21 Vgl. Entschließung der Datenschutzbeauftragten des Bundes und der Länder vom 6.6.1988.

# Adolf Noll: Den Gefahren für die Freiheit begegnen. Ein Bericht aus der Arbeitsgruppe

Huxleys schöne neue Welt, von Frau Dr. Leuze in der Einleitung ihres Plenarvortrages geschickt zitiert, war den Teilnehmern der Gruppe wohl noch im Gedächtnis, als sie ihre von Angst und Sorge geprägten Fragen formulierten. Sicherlich: Auch die warnenden Beispiele aus den anderen Referaten müssen ein Gefühl der Ausweglosigkeit ausgelöst haben: »Wir gehen deprimiert weg« – oder: »Wo gibt es die positiven Perspektiven?«

»Es kommt darauf an, den Gefahren für die Freiheit der

Menschen zu begegnen und die Nützlichkeit der Informations- und Kommunikationstechnologien zu erhalten.« (Leuze)

Alles gut und schön: »Aber wie kommt man in den Computer, wie werde ich gespeichert *und* wie komme ich da wieder raus?« Hineinzukommen ist offenbar leicht; Teilnehmer berichten etwa die Tatsache, daß die Polizei zur »vorbeugenden Verbrechensbekämpfung« die Halter der Pkws ermittelt, die in der Nähe von umstrittenen Großanlagen (zum Beispiel Wackersdorf) parken. Demonstranten und unbeteiligte Spaziergänger geraten so unversehens in die »Maschine der Überwachung«.

Wenn wir vermuten oder wissen, daß wir gespeichert sind, dann hilft nur der lange Weg durch die Behörden. Zähigkeit und Beharrlichkeit sind gefragt; auch der Rat der Datenschutzbeauftragten kann eingeholt werden.

Datenschutz ist Minderheitenschutz und der Versuch, den Mißbrauch von Daten zu verhindern. Der Erfahrungsbericht der Datenschutzbeauftragten machte deutlich: Was im Computer gespeichert ist, darf kontrolliert werden, was in den Akten steht, nicht. Sorgen bereitet der Datenschutzbeauftragten in manchen Fällen der »Polizei-Computer«, das heißt die manchmal grobe Verletzung des Datenschutzrechts. Bedingt durch die Strategie der »vorbeugenden Verbrechensbekämpfung« geraten immer mehr Personen in die Speicherung, wie die zahlreichen Beispiele belegten. »Immer mehr Unverdächtige kommen ins polizeiliche System«, ohne deren Wissen. Im Sinne obrigkeitsstaatlichen Denkens und Handelns lautet die Parole dann auch: Sicherheit geht vor Datenschutz.

Gefahren für unsere (noch) freiheitliche Grundordnung wurden deutlich, so die rechtlich nicht erlaubte, aber häufig praktizierte Zusammenarbeit zwischen Polizei und Verfassungsschutz oder die rechtswidrige Speicherung von Persönlichkeitsprofilen (zum Beispiel im Zusammenhang mit Aids).

Strukturell: Wir sind auf dem Weg zu einer informatisierten – aber nicht informierten – Gesellschaft.

Und was können wir tun? Auch wenn der »Zeitgeist gegen Datenschutz« ist, müssen wir sehr genau die Gesetzesvorhaben (zum Beispiel die sogenannten Sicherheitsgesetze) beobachten, »uns kompetent machen und öffentlich einmischen«.

Das Lob der Gruppe: »Sie ahnen wahrscheinlich gar nicht, welche Bedeutung Sie für das Land haben.«

# Arbeitsgruppe II: Biotechnik

## Günter Altner: Die große Kollision – Mensch und Natur

Das mir hier gestellte Thema lautet: Die große Kollision – Mensch und Natur. Die Veranstalter waren so freundlich, einen Buchtitel von mir zu übernehmen. Die österreichischen Leser lesen irrtümlicherweise immer: Die große Koalition – Mensch und Natur. Aber so falsch ist das ja nicht, denn bei dem, was uns bei der Gentechnik, aber auch bei der größeren allgemeinen ökologischen Diskussion bewegt, ist es ja die Frage eines Mensch-Natur-Verhältnisses, das für beide Partner Zukunft eröffnet. Insofern ist das Stichwort »die große Koalition« in diesem Zusammenhang sicher nicht ganz falsch.

Wenn man das Problem der Gentechnologie in einer einleitenden Betrachtung mit den Problemen der Atomtechnik vergleicht – diese Vergleiche werden ja in der öffentlichen Diskussion immer wieder durchgeführt –, dann stößt man trotz aller Beschwörung der Gemeinsamkeiten auch auf Unterschiede. Wir haben es bei der Atomtechnik mit einer Großtechnik zu tun, die ein großes Gefahrenpotential in sich birgt. Die Verpflichtung, die hier besteht, lautet, alles möglichst unter dem Deckel zu lassen. Bei der Gentechnologie geht es um eine andere Nutzorientierung. Hier handelt es sich um eine sehr vielgliedrige Technik; und was die Anwendung betrifft, so streben die Anwender danach, hier möglichst viel nach draußen zu bringen, Gentechnik nicht nur im Labor, nicht nur in der Produktion, sondern auch draußen im Umweltschutz, in der landwirtschaftlichen Produktion zur Anwendung zu bringen. Und darin liegt das große Problem der Gentechnik. Wir schicken uns an, auf eine schwer überschaubare, vielleicht auch prinzipiell unüberschaubare Weise an tausend Stellen der auf der Erde existierenden Natur Veränderungen zu setzen, über deren Folgen wir keine Aussagen machen können.

In dem Bericht der Gentechnologie-Enquete »Chancen und Risiken der Gentechnologie«, der Ende der letzten Legislaturperiode vorgelegt worden ist, heißt es: »Mit der Gentechnologie verfügt der Mensch über neue Möglichkeiten, durch gezielten Genaustausch über alle Artgrenzen hinweg die natürliche Evolution mit einer neuen Stufe der Geschwindigkeit und Direktheit zu beeinflussen.« Dieser Satz stößt ins Zentrum. Vieles in dem Bericht der Gentechnologie-Enquete ist apologetisch zugunsten der Ausweitung der Gentechnologie formuliert, aber hier in dieser grundsätzlichen Bemerkung sitzt der Akzent ganz richtig. »Mit der Gentechnologie verfügt der Mensch über neue Möglichkeiten, durch gezielten Genaustausch über alle Artgrenzen hinweg die natürliche Evolution mit einer neuen Stufe der Geschwindigkeit und Direktheit zu beeinflussen« ...

Erwin Chargaff, einer der Väter der Biochemie und mitbeteiligt an der Aufklärung der molekularen Struktur des Erbgutes, spricht heute warnend davon, daß wir durch beliebige weltweite Anwendung der Gentechnik den großen genetischen Gulasch auf der Erde anrichten könnten, also einen zusätzlichen Störfaktor in die ohnehin schon schwerwiegend angetasteten Ökosysteme bringen könnten.

Ich möchte im folgenden vier Schritte mit Ihnen machen. Erstens die Frage: Was macht Gentechnik? Zweitens: Was will sie? Eine kurze Skizzierung der Anwendungsziele. Drittens: das Risiko. Viertens: Grenzziehungen, die vielleicht zu empfehlen wären. Und schließlich zum Ausklang eine Schlußbemerkung zur Frage: Was heißt das, die Natur und die Ganzheit des Natur- und Lebenszusammenhanges zu wahren? – und auch eine weitere Bemerkung zum Ruf nach dem Gesetzgeber.

### *Was macht Gentechnik?*

Ich habe eben schon gesagt, Gentechnik ist dem Verfahren nach der Vorgang, gezielt in das Erbgut einzugreifen; sei es, daß hier einzelne Erbinformationen entnommen werden oder daß sie eingefügt werden. Das geschieht auf der Grundlage der modernen Genetik, auf der Grundlage der Erkenntnis, daß das Erbgut im gesamten Organismenreich gleich gebaut ist und, molekular gesprochen, aus der berühmten, vielzitierten Desoxyribonukleinsäure (DNS) besteht, deren Feinstruktur wir kennen und in die alle erblich bedingten Merkmale in einer molekularen Kürzelsprache verschlüsselt sind. Auf dieser Grundlage ist es heute möglich, Gene zu übertragen, über alle Artgrenzen hinweg: vom Menschen auf Säugetiere, von Säugetieren auf Pflanzen, von Pflanzen auf Mikroorganismen, von Mikroorganismen wieder auf Säugetiere und vielleicht auf den Menschen. Das ist das Neue, daß wir hier nicht mehr an den Vorgang der Fortpflanzung, also die klassischen Formen der Züchtung gebunden sind, daß wir nicht mehr gebunden sind an die langsame Gangart der Geschichte des Lebens und der Evolution überhaupt, sondern daß wir hier in kürzester Frist über alle Artgrenzen hinweg mit den Verfahren der Gentechnik durch Einfügung neuer

Erbinformationen Veränderungen setzen können, Lebewesen in Dienst nehmen können, um sie aufgrund der eingefügten Erbinformation zu neuen Produktionsleistungen zu veranlassen.

Man unterscheidet zwischen der weißen, der grünen und der roten Gentechnologie und der Anwendung beim Menschen. Bezogen auf diese ganzen Anwendungsfelder wird zur Legitimation dieses Verfahrens mit Nachdruck von den Betreibern davon gesprochen, daß man ja nur das Beste wolle: die Beseitigung des Hungers auf der Erde, die Bekämpfung der Krankheiten, leidensfreies Leben. Das sind die Verheißungen, die hochgehalten werden. Es sind Verheißungen, die immer schon in den Hoffnungen der Menschen eine Rolle gespielt haben und die hier nun mit dieser bestimmten Technik endgültig erreicht werden sollen. Dabei möchte ich nicht verschweigen, daß sich hier, wenn man durch die einzelnen Nutzungsbereiche hindurchgeht, durchaus auch interessante Nutzungen aufzeigen lassen.

### *Die Nutzungsziele*

Ich beginne mit der Gentechnologie im Bereich der Mikroorganismen. Man kann Mikroorganismen, etwa Bakterienzellen, mit neuen Erbinformationen so programmieren, daß sie uns bestimmte, für den Menschen wünschenswerte Stoffe herstellen, zum Beispiel das Insulin, das wir für die Therapie des Zuckerkranken benötigen. Das wurde bisher aus den Bauchspeicheldrüsen von Schweinen und Rindern gewonnen, nun kann man es auf der Grundlage der Gentechnik mit Bakterienzellen herstellen. Ob sich das neue Produkt als so rein und so billig darstellt, wie es von den Betreibern behauptet wird, muß man kritisch diskutieren. Neuere Ergebnisse lassen erkennen, daß es auch hier Unverträglichkeitserscheinungen gibt.

Die Palette der mit Gentechnik und mit Hilfe von Bakterienzellen herstellbaren Produkte (Medikamente, Eiweiße) kann beliebig weit gedehnt werden, das geht vom Insulin über die Wachstumshormone bis zu bestimmten Gehirninhaltsstoffen, den Endorphinen, die an den Bewußtseinsprozessen im Gehirn beteiligt sind. Gentechnisch umprogrammierte Mikroorganismen werden aber auch in der B-Waffen-Herstellung Anwendung finden, hier tut sich ein brisantes Gebiet auf.

Darüber hinaus plant man auch, genetisch umprogrammierte Mikroorganismen im Umweltschutz einzusetzen, gewissermaßen als eine reaktive Therapie im Blick auf die Altlasten, die wir haben entstehen lassen. Mit Hilfe von gentechnisch umprogrammierten Mikroorganismen Umweltgifte zu zerspalten, in harmlose Bestandteile zu zerlegen oder diese durch Mikroorganismen zu binden, das ist das Ziel. Aber auch hier stößt man, so schön und so positiv das klingt, dann gleichzeitig auch auf ein ambivalentes Phänomen. Angenommen, es gelingt, Mikroorganismen in diesem gezielten Sinne zu programmieren und einzusetzen, was ist, wenn sie diese Arbeit geleistet haben? Werden sie dann zu ihren Auftraggebern zurückkehren oder werden sie, was natürlich zu erwarten ist, im Ökosystem verbleiben und ihre Arbeit fortsetzen? Mikroorganismen, die zum Beispiel das Öl auf den Weltmeeren vertilgen, werden die dann nach getaner Arbeit in unsere Öltanks einsickern, um dort ihre Arbeit fortzusetzen? Oder werden sie in den Ökosystemen der Erde Kippvorgänge hervorrufen? Oder werden sie, was auch möglich ist, auf dem Wege des natürlichen Genaustausches ihre Gene an andere Mikroorganismen abgeben und dabei unabsehbare Veränderungen hervorrufen?

Dieser ganze Aspekt der ökologischen Relevanz ist bis heute völlig undurchdacht. Wir wissen nicht, was dann geschehen wird. Gerade auf diesem Sektor sind große Risiken zu befürchten.

Bei der grünen Gentechnik geht es um die Leistungssteigerung in der landwirtschaftlichen Produktion mit Hilfe von

Gentechnik. Auch hier sind sehr interessante Ziele in der Diskussion. Mit Hilfe von Gentechnik Pflanzen zu veranlassen, auf salzhaltigen Böden zu wachsen, wäre das nicht das, was die Entwicklungsländer brauchen? Jahr für Jahr geht in den Entwicklungsländern in den tropennahen Regionen eine große Fläche durch Versalzung der landwirtschaftlichen Produktion verloren. Oder Steigerung der Ertragsfähigkeit durch Gentechnik. Ist das nicht auch wieder ganz für die Entwicklungsländer gedacht?

Wir wollen freilich nicht vergessen, daß heute auf der Erde noch genügend Nahrungsmittel erzeugt werden, so daß man theoretisch die Weltmenschheit damit satt bekommen könnte. Das scheitert allerdings an Verteilungsproblemen. Insofern steht auch hinter diesen so hochgelobten Zielen dann doch eine tiefere Problematik, die man mit Gentechnik nicht so einfach wird lösen können. Das erste, was produktionsreif ist im landwirtschaftlichen Sektor, ist aber etwas anderes: Es ist gelungen, Nutzpflanzen an Pflanzenschutzgifte gentechnisch anzupassen. Wir bringen ja zahlreiche Pflanzenschutzmittel (= Umweltchemikalien beziehungsweise Umweltgifte) in der landwirtschaftlichen Produktion aus, um Unkräuter, Insekten und andere »Schadorganismen« zu vertilgen. Und dabei werden viele Nutzpflanzen beeinträchtigt, etwa auch in der Fruchtfolge Mais/Sojabohne, bei Einsetzung des Atrazins. Nun ist es gelungen, mit Hilfe von Gentechnik einen atrazinresistenten Mais zu machen. Wenn man sich diese Produktionslinien in die Zukunft fortgesetzt vorstellt, dann ergibt sich hier für die Erzeuger in der Tat eine interessante Renditeperspektive. Man kann jetzt nicht nur seine Umweltchemikalien verkaufen, sondern auch die passenden Nutzsorten dazu. Ökologisch gesehen ist das ganz unvernünftig, denn es führt in eine instabile Landwirtschaftsproduktion mit vereinseitigten, hochempfindlichen Sorten hinein, denn auch dieser gentechnisch abgehärtete Mais wird auf seiner Rückseite andere Anfälligkeiten haben, die man dann wieder gentechnisch reparieren muß. Kurz: Die ohnehin schon gefährliche Tendenz in der Landwirtschaft zu monokulturellen Hochleistungen mit ökologischen Umkippeffekten wird hier mit Gentechnik noch weiter gesteigert, wenn man sich entschließt, in diese Richtung zu gehen.

Für den Nutztierbereich will ich mich ganz kurz halten. Sie wissen, wir haben hier schon im klassischen Bereich sehr gesündigt durch einseitige Züchtungen, immer in Richtung auf Hochleistungen; abgekürzt gesprochen: Wir haben das Hausschwein bereits zur Sau gemacht, – und nun werden wir mit der Gentechnikspritze noch ein Zusätzliches machen: Wir erzeugen transgene Tiere, Tiere, denen man in den frühesten Embryonalstadien Gene zusetzt, die sie dann auch im Generationenprozeß weitergeben können. Wir benutzen diese Tiere als Bioreaktoren. Wir fügen ihnen die Gene und die Erbinformationen bei, die sie veranlassen, bestimmte Stoffe, die für die Biochemieproduktion interessant sind, zu erzeugen. Wir ernten diese dann mit der Milch. Oder wir stellen Mischwesen her zwischen Schaf und Ziege. Für die Medizinforschung stellen wir die patentiert krebsanfällige Maus und Ratte her. Hier ist ein weites Anwendungsfeld. Vom Eigenwert der Tiere, von dem Gesichtspunkt der Gesundheit, der artgemäßen Haltung, sind wir hier weiter denn je entfernt. Auch im Blick auf den Menschen werden wir bald zahlreiche ähnlich geartete Anwendungsversuchungen fürchten müssen.

Ich möchte im Blick auf den Menschen drei Bereiche ansprechen. Auf der Grundlage der modernen Genetik und der modernen Diagnoseverfahren wird die Gendiagnose in den nächsten Jahren gewaltige Fortschritte machen. Die Vereinigten Staaten und Japan, aber inzwischen auch die Sowjetunion, haben große Diagnoseprogramme angekündigt. Diese drei Länder planen für die nächsten Jahrzehnte – das ist vielleicht ein Programm für zwei Jahrzehnte –, das Erbgut des Menschen einer Totaldiagnose zu unterziehen. Dann werden wir am Ende dieses Diagnoseprogrammes alles wissen, was im Erbgut steckt. Wir werden dann nicht nur wissen, ob der einzelne eine schwere Erbkrankheit in sich trägt, latent im Blick auf kommende Generationen oder latent im Blick auf den Ausbruch von einem bestimmten Jahr oder einer bestimmten Altersstufe an. Wir werden alle die kleinen Unverträglichkeiten kennen, die auch genetisch verankert sein können. Und auf dieser Grundlage wird sich eine gewaltige eugenische Versuchung ergeben. Wer soll leben im Rahmen einer solchen Gendiagnosekultur? Nur noch die Gesunden, nur noch die ganz Gesunden? Das wird eine sehr schwierige Entscheidung sein!

Eugenik auf der Grundlage einer geschärften Diagnosekunst wird eines der großen Probleme der Zukunft sein. Aber dann gibt es daneben, und das würden Sie ja von meinen Ausführungen her, die ich bisher gemacht habe, erwarten, eben auch das andere, daß sich das medizinische und biologische Interesse auf den frühen menschlichen Keim richtet, um hier in einer ähnlichen Weise in ihn einzugreifen, wie wir das im Bereich der Säugetiere bereits können und praktizieren. Im Vorfeld der Diskussionen über das Embryonenschutzgesetz haben die Deutsche Forschungsgemeinschaft, die Max-Planck-Gesellschaft und die Bundesärztekammer embryonenverbrauchende Forschungen gefordert, und dies nicht zuletzt mit dem Argument, daß es wichtig und lohnend sei, hier Versuchsreihen anlaufen zu lassen, bei denen man erproben könnte, ob man durch die Zufügung von Genen nicht eine lebenslange Resistenz gegen Krebs oder gegen Aids oder gegen Grippe verleihen könnte.

Im ersten Moment würde man sagen, das ist ja ein sehr interessanter therapeutischer Fortschritt, da sollte man dann wirklich überlegen, ob man Ausnahmen gestattet. Bloß, Sie merken an dieser Stelle auch, wie tückisch das Problem ist. Denn, obwohl man hier auf der einen Seite therapeutische Vorgaben ins Spiel bringen kann, so ist doch ganz deutlich, daß die Durchführung dieser Maßnahmen gleichzeitig auch den ersten Schritt in die Menschenzüchtung bedeutet. Es ist äußerst schwer, hier an dieser Stelle wirklich eine Grenze zu ziehen, wenn man erst einmal Ausnahmen gestattet. Damit bin ich nach diesem kurzen Durchgang dann auch in der Lage, das Risiko, das mit Gentechnik verbunden ist, bezogen auf die einzelnen Nutzungsebenen noch einmal zu formulieren.

### *Das Risiko*

Man muß hier drei Risiken unterscheiden.

*Das labor- und produktionstechnische Risiko:* Da geht es insbesondere um die Frage, ob wir bei der gentechnischen Arbeit mit problematischen Mikroorganismen (es handelt sich dabei ja nicht nur um Bakterien, sondern auch um die Arbeit mit Onkogenen und Retroviren, zu denen auch das Aids-Virus gehört) nicht Risikopotentiale haben, die, durch Labor- oder Betriebsunfall bedingt, nach draußen dringen können und dann doch größere, weitgreifende Unfallfolgen auslösen können.

*Das ökologisch-evolutive Risiko:* Das betrifft all die Projekte, die darauf hinauslaufen, gentechnisch veränderte Organismen freizusetzen. Noch besteht hier ein Verbot in der Bundesrepublik und in den westlichen Industriestaaten, aber alle Bemühungen in der Bundesrepublik, in der EG und in weiteren Regionen laufen darauf hinaus, dieses Verbot zu durchlöchern und zu relativieren. Da stellt sich die Frage, welches ökologische und – im Blick auf den weiteren Gang der Evolution – welches evolutive Risiko gehen wir hier ein? Wie wenig man hier weiß, wird nicht zuletzt an einer zunächst so unbeachtlichen Tatsache deutlich, daß diejenigen, die von Gentechnik etwas verstehen, und diejenigen, die von Ökosystemforschung etwas verstehen, im Jahre 1986 ein erstes Mal miteinander geredet haben. Und dieses erste Gespräch hat erkennen lassen, daß hier zahlreiche ungedeckte Schecks im Spiele sind, daß man hier eigentlich im Grunde genommen sehr wenig, ja fast überhaupt nichts weiß. Wir bewegen uns hier auf einem völlig ungeklärten Terrain, und ich möchte nachdrücklich unterstreichen, daß mir dieses Risiko als besonders gravierend erscheint.

*Das Risiko, das den Menschen betrifft:* Das habe ich schon eindeutig angesprochen. Ich will das nur noch einmal dadurch vertiefen, daß ich, bezogen auf den Menschen, aus einem Aufsatz zitiere. Professor Dr.-Ing. Robert Schnorr, Mannheim – in der Fußnote ausgewiesen als Berater des Vorstandes der Daimler-Benz AG –, schreibt in einem Aufsatz »Technologie und internationaler Wettbewerb – die Unaufhaltsamkeit technologischer Entwicklung« zum Stichwort Menschenzüchtung folgendes: »Menschenzüchtung wird übereinstimmend als unmoralisch angesehen. Es ist jedoch zu bezweifeln, daß diese Einstellung bleibt, wenn eine gezielte Eugenik möglich sein wird. Zuerst werden medizinische Rechtfertigungen kommen, als nächstes werden sich Eltern auf ihr Recht berufen, ihre Kinder nach Maß mit nützlichen Eigenschaften auszustatten, schließlich wird der Staat im Interesse der Gesamtentwicklung den Genpool beanspruchen. Kant war noch der Meinung, daß das intelligible und moralische Ich empirischer Forschung nicht unterworfen werden soll und gar nicht unterworfen werden kann. Tatsächlich sind jedoch weder Erkenntnistheorie noch Moralphilosophie immun gegen Fortschritte des Wissens. Auf Dauer scheinen nur solche Eigenschaften des Menschen normativ als Elemente seiner unantastbaren Würde zu gelten, die noch nicht wissenschaftlich operativ verfügbar geworden sind.« Nun könnte man meinen, hier warnt Schnorr, aber er warnt nicht, es ist seine Meinung, daß wir dahin kommen und daß wir auch dahin kommen müssen, und er schließt seinen Aufsatz in Anlehnung an Popper mit der Bemerkung: »Nicht der Besitz von Wissen, von unumstößlichen Wahrheiten, macht den Wissenschaftler, sondern das rücksichtslos kritische, das unablässige Suchen nach Wahrheit.«

Hier wird gesagt, es bleibt uns gar nichts anderes übrig, als den Erkenntnissen und Wahrheiten zu folgen, die die empirische, auf der Basis von Berechnung arbeitende Forschung, auch die Gentechnikforschung am Menschen zeitigt. Allein von daher ist der Fortschritt zu gestalten. Alles andere, was Sinndeutung des Menschen und der Welt heißt, erweist sich in diesem Zusammenhang als irrelevant und wird beiseite geschoben werden. Hierin kommt noch einmal die tieferliegende grundsätzliche Gefahr, gerade auch im Blick auf den Menschen, zum Ausdruck.

Dieses Denken ist inzwischen soweit gediehen, daß einem selbst gestandene Mitglieder von Kirchengemeinden sagen: Das ist ja alles ganz gut und schön, aber Herr Professor, haben Sie auch daran gedacht, daß wir in einer großen Welt leben, mit internationaler Konkurrenz, und daß wir bei der Gestaltung von Technik auch im Bereich der Gentechnik schlicht abhängig von dem sind, wie wir uns in der internationalen Konkurrenzwelt behaupten? Sie sehen, wie sich hier der Anspruch, den ich aus dem Aufsatz von Schnorr zitiert habe, in das allgemeine Verständnis der Öffentlichkeit und auch in das Bewußtsein derer hineingefressen hat, die an sich von anderen Grundsätzen her denken und Kritik üben müßten. Wenn das, was technisch möglich ist, im Blick auf die Gestaltung von Natur und Mensch die alleinige Wahrheit ist, der wir zu folgen haben, und wenn alles andere darüber hinaus als Irrationalität abqualifiziert wird, dann werden wir im Blick auf die Gentechnik und ihre Anwendungsfelder das Schlimmste zu fürchten haben.

### *Welche Grenzen könnte man ziehen?*

In der Bundesrepublik gibt es derzeit ein Gremium, das in Sachen Gentechnologie Grenzen zieht, das ist die Zentrale Kommission für biologische Sicherheit (ZKBS). Es handelt sich um ein Aufsichtsgremium, das sich ähnlich rekrutiert wie die Strahlenschutzkommission und die Reaktorsicherheitskommission. Hier sitzen Wissenschaftler in der Kommission, die selber auch Betreiber sind und ein Interese daran haben, daß die Dinge vorangehen. Die ZKBS hat über die öffentlichen Forschungseinrichtungen, sofern sie Gentechnik betreiben, zu wachen, und sie hat darüber zu wachen, daß sich diese Forschungseinrichtungen an die Richtlinien halten. Es geht um technische Sicherheitsrichtlinien für das Labor, aber auch um Vorschriften dafür, mit welchen Organismen gearbeitet werden darf. Alle gentechnologischen Forschungsarbeiten müssen bei der ZKBS angemeldet werden.

In Zukunft wird es so sein, das deutet sich schon an, daß die ZKBS auch über erste Freisetzungsversuche befinden wird. Das wird also die Kommission sein, die hier an dieser gefährlichen Grenzstelle die Ausnahmen gestattet. Das ist sehr brisant.

Unter denen, die Gentechnik betreiben, sind auch einige Kollegen, die mit uns in der Friedensarbeit eng verbunden sind. Zu ihnen gehört unter anderem der Genetiker Stahlinger. Herr Stahlinger hat, im Wissen darum, daß im Bereich der Friedensdiskussion und der Rüstungsthematik eine kritische öffentliche Diskussion und eine kritische Friedensbewegung mit ARGUS-Augen, um den Begriff von Meyer-Abich aufzunehmen, unverzichtbar für die weitere Gestaltung der Politik ist, zugestanden, daß man in die ZKBS doch ab und zu auch einen Ökologen mit hineinnehmen sollte und hier und dann auch andere kritische Stimmen hören sollte. Aber das wären, bezogen auf dieses Gremium, ja die berühmten Alibigestalten. Insgesamt wäre mit der ZKBS auf die Zukunft hin wenig ausgerichtet. Aus meiner Sicht der Dinge brauchen wir hier sehr viele weitergehendere Absicherungen.

Es kann auch nicht so sein, daß die Industrie, sofern sie Gentechnologie zur Grundlage ihrer Produktion macht, an nichts gebunden ist. Die Industrievertreter haben erklärt, daß sie, Ehrenmänner, die sie immer schon gewesen seien, sich an die Bestimmungen der ZKBS halten würden. Es hat Ausnahmen gegeben, die zeigen, daß das nicht immer geschehen ist. Auf jeden Fall gibt es keine gesetzliche Maßgabe, die die Industrie veranlassen könnte, sich zumindest gemäß der Richtlinien zu verhalten, abgesehen davon, daß man für das spezielle Verfahren der produktiven Gentechnik auch neue Richtlinien benötigte. Hier ist ein spezielles Gentechnologiegesetz vonnöten. Wir brauchen ferner ein konsequentes Embryonenschutzgesetz. Das wird ja dann auch bald kommen. Aus meiner Sicht der Dinge müßte es ein Embryonenschutzgesetz sein, das strikt und konsequent jeden gentechnischen Eingriff am menschlichen Keim verbietet. Wir brauchen ferner eine begleitende Risikoforschung, die mit den Erkenntnisfortschritten in der Gentechnik Schritt hält. Wir haben sie nicht, das ist das Überraschende; die meisten der Gentechnik betreibenden Biologen lassen es gut sein mit jener Sicherheitskonferenz von Asilomar (USA) im Jahr 1985 und den dort entwickelten Sicherheitsrichtlinien. Das soll dann schon reichen. Und alles das, was inzwischen an dynamischem, explosivem Erkenntnisfortschritt stattgefunden hat, soll nach der Sicht der meisten Biologen in punkto Risiko unerforscht bleiben. Wir brauchen ganz dringend eine begleitende Risikoforschung, und solange wir sie nicht haben, ist aus meiner Sicht ein Moratorium geboten, zumindest ein Moratorium, das ein Anhalten der öffentlichen Forschungsmittel für Gentechnologie bedeutet.

Ich breche hier ab. Ich habe zum Schluß eine ganze Reihe von persönlichen Bewertungen miteinfließen lassen.

### *Natur und Naturschutz im Zusammenhang mit der Gentechnologie; der Ruf nach dem Gesetzgeber*

Was den Menschen betrifft, so tun wir uns ja noch relativ leicht, wenn wir Grenzen ziehen wollen. Einmal kultiviert durch christliche und humanistische Traditionen, auch bedingt durch das Grundgesetz und die daraufhin orientierte Rechtsprechung, wissen wir relativ klar, was Personenwürde bedeutet und wozu sie uns verpflichtet. Aber was heißt es nun, zugunsten der Natur, angesichts der Veränderungsmöglichkeiten, die durch Gentechnik möglich erscheinen, Schutz anzumelden? Und zwar so Schutz anzumelden, daß es nicht eine rückwärtsgewandte romantisierende Natureinstellung wäre?

Das Forum österreichischer Wissenschaftler für den Umweltschutz hat vor ein, zwei Jahren in einer öffentlichen Erklärung formuliert: »Jede Form von Leben ist einzigartig und muß unabhängig von ihrem augenblicklichen Nutzwert für den Menschen geachtet und im Sinne einer elementaren Kulturleistung vor gedankenloser Ausrottung bewahrt werden.« Hier wird nicht gesagt, daß alle Lebensformen, so wie sie heute auf der Erde existieren, angetastet und zerstört genug, geschützt werden müssen, aber es wird hier gesagt, es entspräche dem Menschen als Kulturwesen, vor gedankenloser Ausrottung zu warnen und zurückzuschrecken. Was heißt das? Woran sollen wir die gedankenlose Ausrottung bemessen?

Gezüchtet, Natur verändert, haben wir immer. Es ist das Kennzeichen des Menschen, daß er Natur gestalten kann. Dabei ist die Aufgabe, daß Natur gleichzeitig auch gewahrt und geachtet bleibt.

Was wären die Maßstäbe? Die Personenwürde beim Menschen läßt sich so ohne weiteres nicht auf die Natur übertragen. Ist vielleicht die Art, die Erhaltung der Art das Wesentliche? Aber müssen wir nicht auch über die Art hinausdenken und das Biotop, die Artengemeinschaft und die Landschaft mitberücksichtigen? Und haben wir bei der Bewahrung der Vielfalt der Natur nicht auch daran zu denken, daß diese Vielfalt so gestaltet sein muß, daß sie gewissermaßen die Voraussetzung für weitere Evolutionen im Sinne der Weiter- und Höherentwicklung abgibt? Wir kommen hier bei der Frage des Schutzes der Natur vor gentechnologischen Veränderungen in äußerst schwierige Abwägungen hinein.

Und schließlich das letzte: Ich habe ja sehr rigide nach dem Gesetzgeber gerufen. Gentechnologiegesetz, Anbindung der Industrie, Embryonenschutzgesetz – und zwar ein striktes Embryonenschutzgesetz –, das klingt sehr konservativ. Das widerspricht der alten liberalen Praxis, die ja auch vieles für sich hatte: Laufen-Lassen der Wissenschaft, Appell an die Verantwortung der Wissenschaftler, dort, wo sich brisante Risikolagen zeigen, eine vorsichtige Eingrenzung, aber ja nicht so, daß die Wisssenschaft dadurch behindert werden könnte.

Ich denke, angesichts der Brisanz dessen, was mit Gentechnik verbunden ist, können wir diese alte, liberale, nachhinkende Risikobegrenzung nicht fortsetzen. Wir müssen uns vielmehr überlegen, wie wir präventiv Schleusen setzen und Schleusen ziehen können. Und vielleicht wäre die Kunst dabei, die Schleusen so zu machen, daß man dort, wo sich eine Risikobefürchtung im nachhinein als unangemessen erweist, auch eine vorsichtige Öffnung gestattet.

Ich bin fest davon überzeugt, daß wir zu dieser neuen Art einer Rechtskultur, die Technik möglichst präventiv und umfassend kontrolliert, nur dann kommen können, wenn es eine breite, möglichst viele Gruppen umfassende Basisbewegung gibt, gerade auch in punkto Gentechnologie. Kirchentag, ökologischer Landbau, alternative Institute, Bürgerinitiativen bis hin zu den »Mainguckern« in Frankfurt, das genethische Netzwerk, konservativ denkende Katholiken... Wir müssen unsere Gemeinsamkeiten, unsere gemeinsame Pflicht für die Zukunft stärker als bisher begreifen und ernst nehmen.

## Frank Schimmelfennig:
## Globales Nein oder abwägende Betrachtung? Ein Bericht aus der Arbeitsgruppe

Die Arbeitsgruppendiskussion konzentrierte sich auf politische Strategien angesichts der Gefahren und Probleme der Gentechnologie.

Zunächst ging es dabei um das gegenwärtige öffentliche Bewußtsein gegenüber der Gentechnologie und um Möglichkeiten der Information. Hier zeigte sich Professor Altner zuversichtlich. Die öffentliche Skepsis sei quer durch die Parteien und die Gesellschaft vergleichsweise hoch, beziehe sich allerdings vor allem auf genetische Manipulationen beim Menschen. Hier hat öffentlicher Druck bereits einige Erfolge bei der Beschränkung der Genforschung gezeitigt. Damit müsse jedoch ein Problembewußtsein auch für die ökologischen Gefahren der Gentechnologie einhergehen. Professor Altner wies darauf hin, daß es nicht schwer sei, auch einem biologischen Laien in recht kurzer Zeit zu vermitteln, worum es bei der Gentechnologie geht und wo die Probleme liegen. Außerdem seien bei der Frage der Bewertung dieser Technik und ihrer Ziele, bei der Diskussion unseres Bildes vom Menschen und der Natur sowie bei der Verantwortung der Wissenschaft ohnehin die Laien die eigentlichen Experten. Fraglich ist allerdings, ob das Unbehagen in der Bevölkerung auch entsprechende politische Folgen haben wird.

Bei der Diskussion der politischen Strategie entspann sich eine Kontroverse um die Frage, ob ein globales Nein zur Gentechnologie oder eher eine abwägende Betrachtung des Nutzens und der Gefahren geboten sei. Mit anderen Worten, es stand zur Debatte, ob das Mittel Gentechnik selbst bereits abzulehnen sei oder ob man nur dafür Sorge tragen müsse, daß es für Ziele eingesetzt werde, die risikoarm und von den Bürgern gewünscht sind. Zur Begründung der generellen Ablehnung wurde ein eventueller Nutzen der Gentechnologie ganz in Abrede gestellt: Statt grüner Gentechnologie sei eine bessere Verteilung der Lebensmittel zur Bekämpfung des Hungers gefordert, statt des genetischen Screenings von Arbeitnehmern eine Verbesserung der Arbeitsumwelt und statt gentechnisch hergestellter Medizin eine bessere Krankheitsvorsorge.

Die Gegenposition stellte diese langfristigen Alternativen nicht in Frage, behauptete jedoch, daß gentechnische Forschungen legitim seien, wo sie möglicherweise akute Nöte lindern helfen könnten, also beispielsweise bei der Heilung von Krebs- oder Aidskranken.

Unabhängig von dieser grundsätzlichen Diskussion forderte Professor Altner jedoch zunächst ein prinzipielles Nein, eine weitgehende politische »Strangulierung« der Gentechnologie durch strikte Gesetze. Nur so lasse sich die erforderliche Zeit gewinnen, um unser Wissen über die Möglichkeiten und Gefahren der Gentechnologie zu erhöhen und die öffentliche Diskussion voranzubringen. Unter dieser Voraussetzung könnte man im Dialog mit kritischen Wissenschaftlern auch eine sinnvolle, untergeordnete Funktion der Gentechnologie finden; die Gentechnologie dürfe nicht als Allheilmittel und Wunderwissenschaft angesehen werden. Statt dessen sollte die biologische Forschung und Technologie Professor Altner zufolge eine Richtung nehmen, die von einem ganzheitlich orientierten biologischen Denken und einer intensivierten Ökosystemforschung auszugehen hätte. Dies allerdings ohne die schnellen Nutzungs- und Gewinnmöglichkeiten, die man sich von der Gentechnik erhofft. Ohnehin müsse die enge Verbindung von Wirtschaft und Wissenschaft, die schon bis in die Grundlagenforschung hineinreiche, gelöst werden.

Welche konkreten politischen Schritte sind also erforderlich? Als sofort zu verwirklichende gesetzgeberische Maßnahmen zur Verlangsamung der Gentechnik wurden vorgeschlagen: Verbot der Freisetzung von gentechnisch veränderten Organismen, Verbot von Eingriffen in die menschliche

Keimbahn und strenge Kontrolle der Sicherheit gentechnischer Labors und Anlagen.

Darüber hinaus muß allerdings die Demokratisierung der Wissenschaft vorangetrieben werden. Dazu ist zum einen die Kompetenz des Bundestages zu erhöhen, der sich zur Kontrolle der Technologiepolitik bisher als unfähig erwiesen hat. Denkbar wäre eine Technologiefolgenbewertungsstelle nach amerikanischem Vorbild. Die Demokratisierung darf jedoch beim Bundestag nicht stehenbleiben. Vielmehr muß man der Tatsache Rechnung tragen, daß der Bundestag der Bürgerdiskussion in solchen Fragen systematisch hinterherhinkt. Eine Reihe von Maßnahmen zur Verbesserung der Bürgerbeteiligung wurde genannt: Professor Altner erwähnte neben der Volksbefragung die Einrichtung einer sogenannten Volks-Enquete-Kommission, durch die der vorhandene kritische Bewußtseinsstand und alternative Sachverstand an den Bundestag herangetragen werden soll. Daneben kam der Vorschlag, ähnlich wie in der Atomfrage zu verfahren und konkrete lokale Aktionen in der Umgebung von Genlabors oder Produktionsanlagen durchzuführen.

Ansonsten spricht Professor Altner sich für eine Arbeitsteilung aus: Die innerwissenschaftliche Diskussion müsse zum Beispiel durch kritische Biologen stärker in Gang kommen, die Bürgerdiskussion solle sich auf die Fragen der Wünschbarkeit und Ziele von Gentechnologie konzentrieren, in denen die Öffentlichkeit unmittelbar kompetent sei.

# Arbeitsgruppe III: Atomtechnik

## Klaus Traube: Unsinnige Verheißung – unmenschliche Technik

Nach der Katastrophe von Tschernobyl wurden die Bewohner im Umkreis von etwa 30 Kilometer Radius um das Atomkraftwerk evakuiert und auf Dauer umgesiedelt. Das betraf dort rund hunderttausend Menschen. Zum Vergleich: In der Bundesrepublik wohnen im Umkreis von 30 Kilometern um die Atomkraftwerke je nach Standort zwischen einer halben und zwei Millionen Menschen.

Im Umkreis von weit, weit über tausend Kilometern Radius um Tschernobyl – auch bei uns – werden Menschen an den Spätfolgen der freigesetzten Radioaktivität sterben. Ob es sich dabei »nur« um Tausende oder ob es sich um viele Zehntausende handeln wird, darüber streiten die Experten.

Was soll ich angesichts dieser Feststellungen zum Thema Atomtechnik – unmenschliche Technik – eigentlich noch sagen? Die Katastrophe in Tschernobyl war die folgenschwerste in der bisherigen Geschichte des katastrophalen Versagens technischer Systeme. Erledigt sich mit dieser praktischen Demonstration der im Prinzip seit langem bekannten Gefahr der Atomenergie das Thema nicht von selbst?

Offenbar nicht. Seit der Katastrophe in Tschernobyl ist weder bei uns noch sonst irgendwo ein Kernkraftwerk abgeschaltet worden, wenn auch seitdem in vielen Ländern – in Italien sogar durch Volksabstimmung – der Zubau weiterer Kernkraftwerke gestoppt wurde. Wie können die Verantwortlichen in Politik, Behörden, Wirtschaft und Wissenschaft mit dem Risiko des Betriebs der Kernkraftwerke eigentlich umgehen?

Die populistische Methode des Umgangs mit diesem Risiko ist die, es weiterhin auszuschließen. Es wohnt dann nicht den Atomkraftwerken inne; wenn eine Katastrophe eintritt, dann ist die technische Unfähigkeit, die Schlamperei der anderen schuld. Dies war der Tenor der Öffentlichkeitsarbeit der Atomlobby nach den Ereignissen sowohl in Harrisburg als auch in Tschernobyl, übrigens nicht nur in der Bundesrepublik – auch Margaret Thatcher beschwor, daß die Atomtechnik in England die sicherste in der Welt sei. Franz Josef Strauß hat diese populistische Darstellung auf den Punkt gebracht: Zu kritisieren sei das sowjetische System, das solche Technik hervorbringe, und nicht die Technik als solche.

Nun läßt sich im Rahmen der mit seriösem, gar wissenschaftlichem Anspruch geführten Diskussion um die Sicherheit der Atomenergie die Möglichkeit eines katastrophalen Unfalls, durch Kernschmelzen verursacht, nicht grundsätzlich leugnen. So fiel den Wissenschaftlern in der Atomgemeinde nach dem weltweiten Entbrennen der Diskussion um die Sicherheit der Kernkraftwerke Anfang der siebziger Jahre die Aufgabe zu, die Wahrscheinlichkeit des Eintretens dieser Katastrophe als so extrem gering darzustellen, daß sie nach dem Maßstab der praktischen Vernunft – so der Terminus im Kalkar-Urteil des Bundesverfassungsgerichts – nicht als reale Gefahr anzusehen ist. Diese legitimierende Aufgabe erfüllte erstmalig die 1975 in den USA publizierte sogenannte Rassmussen-Studie. Sie verwies den Kernschmelzunfall, den großen, katastrophalen Unfall, für amerikanische Leichtwasser-Reaktoren in den Bereich von einmal in zehntausend Jahren. Vier Jahre später ereignete er sich in Harrisburg.

Ungerührt wurden noch im gleichen Jahr die Ergebnisse der deutschen Risikostudie »Kernkraftwerke« vorgelegt, die den Kernschmelzunfall für deutsche Druckwasserreaktoren in den gleichen Bereich numerischer Unwahrscheinlichkeit verwies wie zuvor die amerikanische Studie. Tschernobyl ändere daran nichts, so heißt es seitdem unter Hinweis auf russische Technik und russische Schlamperei. Was ist davon zu halten?

Zunächst einmal apodiktisch: Derartige Zahlenangaben über die Eintrittswahrscheinlichkeit von Atomkraftwerkskatastrophen sind wissenschaftlich verbrämter Unsinn. Infolge der hohen technischen Komplexität von Kernkraftwerken sind die Möglichkeiten der Kombination von einzelnen Mechanismen technischen Versagens mit menschlichen Fehlhandlungen schier unbegrenzt und daher in noch so ausgeklügelten mathematischen Modellen nicht voll erfaßbar oder gar quantifizierbar. Dies gilt insbesondere für das Verhalten der Menschen, die Kernkraftwerke betreiben. Ich will versuchen, dies etwas zu verdeutlichen.

In den Risikoanalysen wird der Ausfall gewisser Systeme und Komponenten, der zu großen Unfällen führen kann, mit numerischen Wahrscheinlichkeiten belegt. So wird beispielsweise ein Versagen des grundlegenden sogenannten Sicherheitssystems, das den Reaktor im Fall von Gefahr abschaltet, als extrem unwahrscheinlich angesetzt, zu Recht, wenn man das nur als technisches Phänomen betrachtet, weil dieses System tatsächlich technisch vielfach abgesichert ist. Aber in Tschernobyl wurde ein solches System bewußt außer Betrieb gesetzt, um den Versuch durchführen zu können, der das Unheil auslöste. Derartige menschliche Eingriffe kommen in den Risikoanalysen nicht vor, sie sind natürlich auch nicht voraussehbar. Sind sie unter deutschen Verhältnissen etwa nicht möglich? –

Anläßlich der Analyse eines gravierenden Störfalls im Kernkraftwerk Brunsbüttel bei Hamburg im Jahr 1978 stellte sich heraus, daß das Betriebspersonal entgegen strenger Vorschrift den Teil des Sicherheitssystems, der den Reaktor bei dem damals eingetretenen Störfall hätte abschalten müssen und nicht abgeschaltet hat, einfach außer Betrieb gesetzt hat, überbrückt, wie das in der Fachsprache heißt. Das war bewußt geschehen, um kostspielige, ärgerliche Betriebsunterbrechungen zu vermeiden. Eine derartige Überbrückung kommt natürlich in den Risikoanalysen nicht vor. Sie gilt als Todsünde, die Verantwortlichen wurden, als dies aufflog, suspendiert.

Objektiv hätte dieses Verhalten des Betriebspersonals außerordentlich gravierende Konsequenzen gehabt, wenn das Leck, das damals den Störfall auslöste, größer gewesen wäre, als es tatsächlich war. Aber subjektiv mangelte es den handelnden Personen angesichts der Erfahrungen, die ihnen ihre tägliche Routine vermittelt, schlicht an Bewußtsein für die Gefährlichkeit ihres Tuns. Das Personal eines Kernkraftwerks erlebt dieses ja nicht als eine katastrophenträchtige Anlage. Es erlebt zwar jahrein, jahraus Störfälle, aber die Katastrophe bleibt aus, im eigenen Kraftwerk und auch bei den anderen, mit denen man Erfahrungen austauscht, außer im fernen Harrisburg und Tschernobyl.

Solche Routine führt subjektiv zu einem (objektiv trügerischen) Gefühl von Sicherheit, das im Lauf der Zeit einfach zu leichtsinnigen Handlungen verführt. Denken Sie an das leichtsinnige Verhalten der Hunderttausende, die jährlich schwere Autounfälle, Tote und Verletzte, unsägliches Leid verursachen, dies sogar, obwohl ihnen die Gefährlichkeit des Autofahrens immer wieder durch zerquetschte Autos und Blutspuren am Straßenrand vorgeführt wird. Aber jeder einzelne hatte zuvor lange Zeit das Autofahren unbeschadet überstanden. Und diese Erfahrung bestimmt sein Sicherheitsgefühl.

Hier geht es nicht darum, menschliches Fehlverhalten im Einzelfall zu entschuldigen, sondern darum, daß Fehlverhalten eben menschlich ist und mit noch so viel Aufwand nicht eliminiert werden kann, wie es auch im Einzelfall nicht voraussehbar, voraussagbar ist.

»Fehlverhalten« resultiert keineswegs nur aus Leichtsinn oder Inkompetenz. Im Fall Harrisburg ist menschliches Fehlverhalten, menschliches Versagen, nachträglich zur Ursache des Unglücks erklärt worden. Und tatsächlich hatte die mit der Untersuchung des Unfalls betraute Kommission festgestellt, daß die Operateure in Harrisburg die Signale auf der Warte, die den Zustand der Anlage anzeigten, teilweise falsch gedeutet haben – abgesehen davon, daß beispielsweise ein wichtiges Signal durch ein Stück Papier verdeckt war – und daher Eingriffe in die Anlage unternommen haben, Schalt-Befehle gegeben haben, die das Kraftwerk nach der anfänglichen technischen Störung weiter destabilisierten, dem Unfall weiter zutrieben. Mehr aus Zufall denn aus Erkenntnis haben die Operateure schließlich in letzter Minute die richtigen, stabilisierenden Eingriffe vollzogen, die die große Katastrophe noch einmal abwendeten.

Der als Gutachter eingeschaltete Organisationssoziologe Perrow hat aufgezeigt, daß die Operateure subjektiv gar nicht in der Lage waren, in dieser ungewohnten Ausnahmesituation die vielfältigen Signale, die auf sie eindrangen, richtig zu entschlüsseln. Perrow hat diese Erfahrung zum Anlaß für eine umfangreiche Untersuchung über technische Katastrophen und ihre Ursachen genommen, eine Analyse, die kürzlich in deutscher Übersetzung unter dem Titel »Normale Katastrophen« erschienen ist. Er hat in dieser Untersuchung systematisch gezeigt, daß es sich hier um ein prinzipiell unlösbares Problem bei hoch komplexen technischen Systemen handelt. Bei Unfällen solcher Systeme sind nahezu in jedem Fall zunächst unerklärbar erscheinende, jedenfalls unvorhersehbare Handlungen von Menschen mitverantwortlich, die sich häufig bei genauerer Analyse als subjektiv durchaus plausibel, wenn auch objektiv falsch herausstellen. Die gebräuchliche Aufteilung der Ursachen von katastrophalem Versagen in technisches und menschliches Versagen mag zwar juristisch von Belang sein – sie erfüllt im übrigen eine ideologische Funktion –, sie ist aber prinzipiell irreführend. Denn das sogenannte menschliche Versagen ist gleichsam statistisch in hochkomplexe Mensch-Maschine-Systeme eingebaut.

Diese Bemerkungen mögen ein Gefühl dafür vermitteln, daß die numerische Berechnung der Wahrscheinlichkeit für das Eintreten von Kernkraftwerkskatastrophen schlicht Pseudowissenschaft ist und lediglich dem Zweck dient, Akzeptanz für eine Technik zu erzeugen, deren extreme Katastrophenträchtigkeit nur in Verbindung mit extremer Unwahrscheinlichkeit des Eintretens der Katastrophe legitimiert werden kann. Tatsächlich zeigen nicht nur Harrisburg und Tschernobyl, sondern auch die Analysen vieler Beinahe-Unfälle von Atomkraftwerken, daß jeweils unvorhersehbares, modellmäßig nicht erfaßbares menschliches Verhalten im Spiel war.

Die Atomtechnik ist – wie jede Technik – auch ein soziales Gebilde, entworfen, fabriziert und betrieben von aus Menschen zusammengesetzten Organisationen, in denen mit Grenzen der Erkenntnisfähigkeit, auch mit Nachlässigkeit, Inkompetenz, Produktionsdruck zu rechnen ist, sogar mit Kriminalität – siehe den Hanauer Atomskandal.

Die populäre Aussage von Kritikern der Atomenergie, daß der Umgang mit ihr den perfekten Menschen, den es nicht gibt, voraussetze, hält also einer sachlichen Analyse durchaus stand. Deswegen ist die Atomtechnik angesichts ihres Katastrophenpotentials unmenschlich.

Diese Aussage gilt im übrigen natürlich nicht nur im Hinblick auf die Gefahr des katastrophalen Versagens eines Atomkraftwerks. Der schon von Klaus Michael Meyer-Abich zitierte Alvin Weinberg, amerikanischer Physiker, Pionier und leidenschaftlicher Verfechter der Atomenergie, hat in seinem berühmten Aufsatz »The moral imperative of nuclear energy« die nukleare Priesterschaft, insbesondere im Blick auf das säkuläre Atommüllproblem, gefordert – eine voluntaristische Forderung, die vor der sozialen Realität die Augen verschließt, wie dies nicht erst der Hanauer Atommüllskandal lehren mußte.

Nicht zuletzt, vielleicht sogar zuerst, geht es bei den Gefahren der zivilen Atomtechnik auch um die Gefahr ihres Mißbrauchs für militärische, zerstörerische Zwecke. Dieser Mißbrauch ist in das System der Atomenergienutzung eingebaut. Das zeigen bereits jetzt die furchterregenden Entwicklungen von Atomwaffen in Indien, Pakistan, Südafrika, Israel, Brasilien und Argentinien.

Nun gab und gibt es auch weiterhin Befürworter der Atomenergie, wie etwa der zitierte Alvin Weinberg, die deren Risiken weder wegleugnen noch mit Zahlenspielen verdrängen, die vielmehr ihr Votum für die Atomenergie begründen mit dem Hinweis auf die unermeßlichen Chancen, die sie der Menschheit biete, und auf Risiken, die mit einem sogenannten Verzicht auf die Atomenergie verbunden seien. Ich glaube, daß es diese Verzichtdiskussion gar nicht gäbe, wenn nicht einst Erwartungen in die Kernenergie gesetzt worden wären, die sich zwar inzwischen als völlig unsinnig erwiesen haben, die aber doch fortwirken in der öffentlichen Diskussion und in den Köpfen vieler Menschen.

Das Godesberger Programm der SPD von 1959 spiegelt schon in den einleitenden Sätzen die einstigen Erwartungen in die Atomenergie wider. Ich zitiere: »Das ist der Widerspruch unserer Zeit, daß der Mensch die Urkraft des Atoms entfesselte und sich jetzt vor den Folgen fürchtet [...] Aber das ist auch die Hoffnung dieser Zeit, daß der Mensch im *atomaren Zeitalter* sein Leben erleichtern, von Sorgen befreien und Wohlstand für alle schaffen kann, wenn er seine täglich wachsende Macht über die Naturkräfte nur für friedliche Zwecke einsetzt.«

Hier haben wir das Konzentrat der damaligen Nutzung der Kernenergie des – so hieß es damals – beginnenden Atomzeitalters: Wohlstand für alle. Wie sollte dieser Wohlstand erzeugt werden? Dazu einige Kostproben.

Ernst Bloch schwärmte seinerzeit im »Prinzip Hoffnung« von der Atomenergie, die »in der blauen Atmosphäre des Friedens aus Wüste Fruchtland, aus Eis Frühling machen kann. Einige hundert Pfund Uranium und Thorium reichen aus, die Sahara und die Wüste Gobi verschwinden zu lassen, Sibirien und Nordkanada, Grönland und die Antarktis zur Riviera zu verwandeln.«

Im Atomplan des Münchner SPD-Parteitags von 1956 heißt es: »Die kontrollierte Atomspaltung und die auf diesem Wege zu gewinnende Kernenergie leiten den Beginn eines neuen Zeitalters für die Menschheit ein.« Als konkrete Ziele werden dort noch genannt:

- »die Entwicklung von Kernkraftmaschinen anstelle von Verbrennungskraftmaschinen für feste und fahrbare Kraftstationen, für Schiffe, Flugzeuge und andere Verkehrsmittel.«
- »die Verwendung der radioaktiven Isotope in Medizin, Biologie, Landwirtschaft und Industrie muß so gefördert werden, daß die großen Möglichkeiten für die Gesundheitspflege, die Züchtung neuer Pflanzenarten und die Anwendung für die technischen Produktionsprozesse für Deutschland voll erschlossen werden.«

Abschließend konstatiert der SPD-Atomplan: »Die unerschöpflichen Energiequellen des neuen Zeitalters können entscheidend dazu beitragen, den Abstand zwischen den unterentwickelten und den entwickelten Industriestaaten zu verringern. Die Atomenergie kann zu einem Segen für Hunderte von Millionen Menschen werden, die noch im Schatten leben.«

Nun haben weder Ernst Bloch noch die SPD diese vielfältigen Anwendungen der friedlichen Nutzung der Kernenergie erfunden – aus Wüste Fruchtland machen, Flugzeuge und andere Verkehrsmittel antreiben, neue Pflanzenarten züchten, die den Hunger in der Welt beseitigen ... Welch ein Segen für die Entwicklungsländer! Diese Anwendungen hat ihnen auch nicht eine interessengeleitete oder profitsüchtige Atomindustrie aufgeschwatzt, denn die gab es damals gar nicht. Diese Visionen stammten zunächst von vielen und darunter sehr namhaften Wissenschaftlern, hauptsächlich Physikern. Einige von ihnen haben auch höchst eigenhändig diese Visionen popularisiert, so beispielsweise der Physiker Heinz Haber in dem damals weit verbreiteten Buch »Unser Freund, das Atom«. Haber schreibt dort beispielsweise zum Einsatz der

Atomenergie für die Pflanzenzüchtung und damit die Beseitigung des Hungers: »Das Atom wird uns helfen, Ernährung für die hungernde Menschheit zu schaffen« – eine allemal legitimierende Vision, deren sich heute die Gentechnologen erneut bedienen. Haber resümiert: »Die zauberhafte Energie des Atoms wird bald in der ganzen Welt und für die ganze Welt zu wirken beginnen. Sie wird das, was Wissenschaft und Technik uns erarbeiten, bis in die entlegensten Winkel der Erde tragen, und jeder wird seinen Teil Energie, Nahrung und Gesundheit erhalten.«

Solche Verheißungen, die uns – und dies nicht nur wegen der Gefahren der Atomenergie – als technisch-wissenschaftliche Groteske erscheinen, wurden damals von den Politikern und den Medien für bare Münze genommen – oder mindestens als bare Münze weiterverkauft. Die irresten Verheißungen erzeugten ein politisches Klima, eine Atomeuphorie mit ganz realen Folgen, nämlich dem massiven Einsatz des Staates für die Entwicklung der Atomenergie. Dies führte unter anderem zum Aufbau großer, staatlicher Kernforschungszentren und zur Einrichtung kerntechnischer Abteilungen in der Industrie – mit staatlichen Mitteln! –, die heute als Machtzentren fortwirken, insbesondere ihre Informationsmacht einsetzen zur Perpetuierung der Atomtechnik.

Bei nur etwas Nachdenken hätte man damals durchaus erkennen können, daß solche Verheißungen unsinnig waren. Denken sie an die atomgetriebenen Flugzeuge aus dem SPD-Programm, die sich bei Haber als anschauliche Beschreibung wiederfinden. Man wußte auch damals, daß Flugzeuge manchmal abstürzen; man konnte auch damals gleichsam mit bloßem Auge erkennen, daß der Atomreaktor nach einem Absturz funktionsunfähig sein wird, daß es daher zur Katastrophe – dem Kernschmelzunfall – kommen wird. Aber ich muß bekennen, ich selbst habe mich Anfang der sechziger Jahre bei der amerikanischen Firma General Atomic gelegentlich mit Systemen für den Flugzeugantrieb beschäftigt und mir diese simple Frage gar nicht gestellt.

Es gibt eine paradigmatisch erzeugte Blindheit, die eine ganze Epoche erfassen kann; die Atomenergie ist dafür ein Beispiel. Der erste Vorsitzende der amerikanischen Atomkommission, Lilienthal, bekannte später: »Hätte man schon 1946 gewußt, daß bei der Kerntechnik nichts weiter als ein neuer Weg zur Stromerzeugung herauskommen würde, dazu einer, der nicht einmal billiger sein würde als die bisherigen Methoden, so wäre der Kongreß nie zu der miliardenhohen Förderung bereit gewesen.«

Die ökonomische Anwendung der Atomenergie, nun freilich im sehr verengten Sektor Stromerzeugung, erfolgte in nennenswertem Maß erst in den siebziger Jahren. Anfang der siebziger Jahre wurden in vielen Industriestaaten, allen voran den USA, im großen Stil Bestellungen für Atomkraftwerke von der Elektrizitätswirtschaft getätigt; die Atomeuphorie erlebte eine Renaissance. Die Vorstellungswelt jener Zeit läßt sich verdeutlichen anhand der Prognosen der Internationale Atomenergieorganisation für die im Jahr 2000 erwartete Kapazität an Kernenergie. 1974 prognostizierte die Internationale Atomenergieorganisation, daß im Jahr 2000 4500 Megawatt an Kernkraftwerken in der Welt installiert sein würden. 1986 – zwölf Jahre später – prognostizierte sie nur noch 500 Megatwatt für das Jahr 2000, also etwa ein Zehntel dessen, was sie zwölf Jahre vorher prognostiziert hatte.

Was ist da geschehen? Die Prognosen der Internationalen Atomenergieorganisation basierten stets auf der Abfrage der Prognosen für die einzelnen Länder bei deren Regierungen. Sie repräsentierten also weltweite Auffassungen der Regierungen und der Elektrizitätswirtschaft, und diese Auffassungen um die Mitte der siebziger Jahre kennzeichnen offensichtlich eine zweite Phase irrationaler Erwartungen in die Atomenergie. Würden die 4500 Megawatt, die 1974 prognostiziert wurden, im Jahr 2000 tatsächlich in Betrieb sein, dann könnten sie bei einer Ausnutzung in der Grundlast etwa dreieinhalbmal so viel Elektrizität erzeugen, wie heute weltweit verbraucht wird!

Die Periode massiver Bestellungen von Kernkraftwerken war bereits Mitte der siebziger Jahre jäh beendet. Von Mitte der siebziger Jahre bis jetzt sind weltweit nur noch etwa soviel neue Atomkraftwerke in Angriff genommen worden wie zuvor bereits bestellte Atomkraftwerke wieder aufgegeben wurden, insbesondere in den USA – teils unter hohen Verlusten. Das einzige Land der Welt, in dem ein Ausbau der Atomenergie in dem Stil, wie er Anfang der siebziger Jahre von fast allen Industrieländern geplant war, tatsächlich durchgeführt wurde, ist Frankreich. Das Resultat kennen wir: massive Überkapazitäten mit der Folge, daß der Staat versucht, den Elektrizitätsverbrauch, insbesondere im Wärmesektor, anzureizen und darüber hinaus Strom in die Nachbarstaaten zu verkaufen.

Derzeit werden etwa 15 Prozent des weltweiten Elektrizitätsverbrauchs durch Atomstrom gedeckt. Und etwa 15 Prozent des Endenergieverbrauchs werden durch Elektrizität gedeckt. 15 Prozent von 15 Prozent, das macht zweieinviertel Prozent. Gut zwei Prozent des Endenergieverbrauchs der Welt werden also durch Kernenergie gedeckt; umgerechnet auf den Primärenergieverbrauch sind es rund fünf Prozent. Das ist die tatsächliche ökonomische Dimension der Kernenergie.

In der Bundesrepublik ist ihr Anteil etwa das Doppelte des weltweiten Anteils: sechs Prozent des Endenergieverbrauchs und elf Prozent des Primärenergieverbrauchs. Unter den großen Industrieländern ist die Bundesrepublik nach Frankreich dasjenige mit dem höchsten Anteil von Atomstrom an der Stromerzeugung. Die deutschen Kernkraftwerke repräsentieren Investitionen in der Größenordnung von 50 Milliarden. Hinzu kommen 30 Milliarden DM, die der Bund investiert hat in die Entwicklung der Kernenergie. Diese Zahlen bezeichnen eine ökonomische Realität. Dahinter verbergen sich Organisationen und deren Macht. Aber was bleibt ansonsten von den einstigen Verheißungen des anbrechenden Atomzeitalters?

Ich wiederhole, was ich vor vier Jahren dazu einmal im »Spiegel« geschrieben habe: »Heute ist die Sachlage klar: Epochal sind die Atomsprengköpfe; die zivile Atomenergie ist deren geringfügiges Nebenprodukt. Würde sie verschwinden, so hinterließe dies gewiß weit weniger Substitutionsprobleme als etwa das Verschwinden des Fahrrads, des Kugellagers oder hundert anderer Techniken, nach denen nie ein Zeitalter benannt wurde.«

## Barbara Zielke:
## Der Ausstieg ist möglich. Ein Bericht aus der Arbeitsgruppe

Fragen aus der Gruppe – und Antworten:

*Ist, schon des Wettbewerbs wegen, Atomenergie unumgänglich nötig?* Offiziell heißt es, der Atomstrom sei billiger als der fossile Strom. Das stimmt nicht, weil sich der genannte Preis auf die deutsche Kohle bezieht. Die ist aber dreimal so teuer wie die Weltmarktkohle. Zur Zeit haben wir Überschuß an jeder Energie. Der Verbrauch ist seit 1973(!) nur bei den Autos um fünfzig Prozent gestiegen, in der Wirtschaft und im privaten Bereich dagegen um zehn Prozent gefallen. – Durch geeignete und notwendige Maßnahmen läßt sich der Verbrauch mühelos auf 20 bis 30 Prozent des heutigen Verbrauchs senken (Wärmedämmung, moderne Heizung, gute Elektrogeräte, Fernwärme ... – und Regulierung über Steuern). Das Heizen mit elektrischem Strom ist dagegen in jedem Fall ökologisch und ökonomisch sinnlos. – Zu diesem ganzen Fragenkomplex hat die Prognos AG 1987 im Auftrag des Ministers für Wirtschaft, Mittelstand und Technologie des Landes Nordrhein-Westfalen die Studie »Rationelle Energieverwendung und -erzeugung ohne Kernenergienutzung: Möglichkeiten sowie energetische, ökologische und wirtschaftliche Auswirkungen« in Auftrag gegeben. Die Studie ist zu beziehen über das Pressereferat des genannten Ministeriums, Heroldstraße 4, 4000 Düsseldorf.

*Bedeutet fossile Energienutzung nicht eine ökologisch weit höhere Gefahr (Waldsterben und so weiter) als die »saubere« Atomenergie?* Die Gefahr eines Treibhauseffekts durch $CO_2$ ist gegeben.

*Muß nicht die Dritte Welt die Kernenergie haben, damit das Abholzen der lebenswichtigen Tropenwälder gestoppt wird?* Die tropischen Regenwälder werden kaum zur Energiegewinnung abgeholzt, vielmehr dient der Kahlschlag meist der industriellen Nutzung, etwa der Zellstoffproduktion oder der Gewinnung von Weiden für riesige Viehherden (McDonald's, sonstiger Luxus für uns). Aber sinnvolle Entwicklungshilfe ist nötig – zum Beispiel einfache, sparsame und gut funktionierende Heizöfen bauen lehren. Zudem ist Atomstrom für die armen Länder viel zu teuer – ihre Abhängigkeit würde unerträglich steigen. Dazu haben die meisten dieser Länder natürliche Energiequellen – Wasser, Wind, Sonne –, die eine auch für sie notwendige, maßvolle Industrie ermöglichen.

*Wie steht es mit der Entsorgung?* Bis heute gibt es weltweit keinen einzigen sicheren Ort der Entsorgung – sie ist völlig und total ungesichert!

*Warum können wir nicht sofort aussteigen?* Auch wenn wir heute abschalten, bleibt das Entsorgungsproblem. Aber der Müll würde sich nicht mehr vermehren, und die akuten Gefahren der Freisetzung großer Mengen von Radioaktivität bestünden nicht mehr. Eine augenblickliche Abschaltung, zum Beispiel bei Warnsignalen, ist ohnedies nicht möglich. Läuft die Kühlung nicht weiter, dann schmilzt der Kern – die Folgen sind bekannt. Aber eine allmähliche Abschaltung wäre heute noch gut machbar – die Energieversorgung ist gesichert. (Bis zum endgültigen Abwracken sollte möglichst viel Zeit gelassen werden – etwa zehn bis zwanzig Jahre.) Schon in fünf Jahren würde eine Abschaltung wegen der Versorgung vermutlich schwierig. Aus demselben Grund wäre eine Abschaltung schon heute in Frankreich problematisch; nicht jedoch bei uns oder zum Beispiel in Italien. (Zu diesem Komplex existiert ein ausführlicher »Bericht der Landesregierung Nordrhein-Westfalen, einen Beschluß des Landtages vom 10.7.1986 betreffend, zum Übergang auf eine Energieversorgung ohne Kernkraft« vom September 1987; ebenfalls zu beziehen über das Pressereferat des Ministeriums für Wirtschaft, Mittelstand und Technologie.) – Das Rechtsproblem wegen der Entschädigung der Betreiber müßte bei einer Abschaltung gelöst werden. Professor Küchenhoff meinte, wegen der total ungesicherten Entsorgung sei dies keinesfalls ein Problem. Die Entschädigungsfragen beim Abschalten sind übrigens in dem Entwurf eines Kernenergieabwicklungsgesetzes der SPD-Bundestagsfraktion abgehandelt (Bundestags-Drucksache 10/6700; Verlag Dr. Hans Heger, Bonn).

*Fazit:* Die Euphorie der Anfangsjahre hat sich in keiner Weise erfüllt. Dies bestätigt jeder, der sich ernsthaft und ehrlich den ungelösten Fragen stellt. Die Atomenergie ist sowohl technisch wie menschlich unsinnig. Sie zwängt die Menschen in ein absolut unmenschliches Sicherheitskorsett. Die Mitarbeiter samt ihren Angehörigen müssen peinlich genau »durchleuchtet« werden, mit der Folge: Sie sprechen nicht mehr offen miteinander, versteckte Ängste und Aggressionen wachsen – der Mensch wird zum Sicherheitsrisiko. Dazu kommt aber auch dies: Je routinierter ein Mitarbeiter wird, desto mehr verringert sich sein eigenes Risikobewußtsein – bestes Beispiel: die Autofahrer!

# Arbeitsgruppe IV: Atomtechnik

## Alexander Rossnagel: Sicherungszwang und Grundrechtsaushöhlung

*I.*

Nach dem, was in den letzten Monaten an Schiebereien und Schmierereien in der Atomindustrie bekannt geworden ist, muß ein Vortrag über die sozialen und rechtlichen Risiken der Atomenergie mit den Ereignissen beginnen, die als Hanauer Atomskandal bekannt geworden sind. Erinnern wir uns:

Es wurde tonnenweise Atommüll nach Belgien und wieder zurück in die Bundesrepublik verschoben, der zum Teil stärker als erlaubt strahlt und Plutonium enthält. Mehrere Firmen haben illegal tonnenweise radioaktives Material gelagert. Anfangs, um an die Aufträge zu gelangen, und später, um die vielfältigen Verletzungen von Sicherheitsvorschriften zu ermöglichen, haben Transnuklear und NUKEM in ausgeklügelten Verfahren Millionenbeträge in Schwarze Kassen abgezweigt und davon rund hundert Beschäftigte in der Atomindustrie in zum Teil sicherheitsrelevanten Positionen bestochen.

Schließlich beschuldigten Wallmann und Weimar NUKEM, bombenfähiges Material verschoben zu haben. Beweise für diese Behauptung konnten bisher nicht erbracht werden. Daß aber der frühere Reaktorsicherheitsminister und heutige Ministerpräsident sowie sein Umweltminister einen solchen Bruch des Atomwaffensperrvertrags für möglich hielten, läßt einzig und allein den Schluß zu, daß sie weder an die Effektivität ihres eigenen und des internationalen Kontrollsystems glauben noch an die Zuverlässigkeit des

NUKEM-Managements, dem sie diese immer wieder bestätigt haben. Mit beiden scheint es also nicht zum besten bestellt zu sein.

Was ist aus diesen Ereignissen zu lernen? Ist das Problem durch die geplante Entflechtung des Beteiligungsdschungels in Hanau beseitigt? Läßt es sich durch die Errichtung einer neuen Behörde lösen, durch die Versetzung einiger Atomabteilungen in ein neues Bundesamt für Strahlenschutz? Könnte es gelöst werden durch eine Reduzierung der Transporte? Oder wäre es jedenfalls dann beseitigt, wenn das Entsorgungskonzept der Bundesregierung endlich verwirklicht wäre?

## *II.*

Um nicht vorschnelle Antworten zu geben, um von der schillernden Oberfläche der Hanauer Skandale auf ein Grundproblem der Atomenergie durchzustoßen, nämlich auf die Eingebundenheit der Technik in die Gesellschaft mit ihren Problemen und Konflikten, möchte ich Sie zu einem Gedankenexperiment einladen. Ich möchte mit Ihnen unterstellen, daß die Atomenergie so sei, wie ihre Befürworter sie gerne hätten. Ich möchte daher mit Ihnen für die Dauer meines Vortrags annehmen, daß die Atomenergie technisch sicher und wirtschaftlich sei – zwei Annahmen, über die sich lange streiten ließe.

Ich möchte weiter annehmen, daß die Atomenergie den Planungsvorstellungen ihrer Freunde entsprechend ausgebaut wird. In etlichen Jahren wird dann in einem geschlossenen Brennstoffkreislauf Plutonium in Brütern und Leichtwasserreaktoren genutzt werden, in Wiederaufarbeitungsanlagen abgetrennt und in Brennelementfabriken zu Brennstoff verarbeitet werden. Viele Menschen werden mit diesem Stoff hantieren. Zwischen all diesen Anlagen werden viele Transporte stattfinden. Plutonium aber ist nicht nur hochgiftig, sondern auch der Rohstoff für Atombomben. Auch Reaktorplutonium ist bombentauglich. Darüber kann es seit einem gelungenen Bombenversuch der USA 1977 keinen Zweifel mehr geben.

Unter den genannten Randbedingungen will ich nun in zwei Gedankenexperimenten versuchen, Antworten auf die Frage nach den sozialen Auswirkungen der Atomenergienutzung zu finden. Selbst *wenn* die Atomenergie so wäre, wie sie uns ihre Freunde versprechen, welches wäre *dann noch immer* ihr Preis?

In der einen Versuchsanordnung will ich unterstellen, daß die Hanauer Skandale in der gewohnten Weise allein durch symbolische Politik und mit Hilfe einer teuren publizistischen Kampagne der Vertrauenswerbung »verarbeitet« werden. Untersucht werden soll dabei, welchen Risiken des Mißbrauchs der Atomenergie wir ausgesetzt sein werden.

In der zweiten Versuchsanordnung soll unterstellt werden, daß aus dem ersten Experiment tatsächlich gelernt wird. Es wird nicht versucht, die Risiken der Atomenergie zu verdrängen, sondern ihnen durch Sicherungsmaßnahmen zu begegnen. Die Fragen, die sich hieran anschließen, sind: Welche soziale Kosten werden diese Sicherungsanstrengungen fordern? Werden diese sozialen Kosten durch die Rechtsordnung begrenzt werden?

## *III.*

Beginnen wir jedoch mit dem ersten Versuch und unterstellen wir, daß auf den Atomskandal nur symbolisch reagiert wird. Dadurch wird jedoch die Tatsache nicht verändert, daß die Atomtechnik in einer konfliktvollen Welt von fehlbaren Menschen betrieben wird. Sie kann – wie jede Technik – zu unfriedlichen Zwecken mißbraucht werden. Im Vergleich zu anderen Techniken sind diese Mißbrauchsrisiken allerdings mit einem eminent hohen Schadenspotential verbunden. Werden diese Risiken verdrängt, so werden sie dadurch keineswegs beseitigt. Vielmehr gedeihen sie im verborgenen besonders gut. Diese Risiken sind keine Fiktion. Zum Beispiel veröffentlicht die Nuclear Regulatory Commission (NRC) halbjährlich eine »Safeguards Summary Event List« (SSEL) (Liste sicherungsrelevanter Vorfälle). In dieser sind allein für die zivilen Anlagen in den USA von 1976 bis 1986 1230 sicherungsrelevante Vorfälle dokumentiert. Als verläßliche Grundlage der Zukunftsbetrachtung will ich einige *tatsächliche Vorfälle* aus der Vergangenheit darstellen.

Erstens: Es gab bereits viele Angriffe auf nukleare Anlagen, wie zum Beispiel

- 1973 den Überfall schwerbewaffneter Mitglieder der »Revolutionären Volksarmee« auf das beinahe fertiggestellte Atomkraftwerk in Atucha / Argentinien,
- 1979 die Zündung eines 50-kg-Sprengsatzes durch Mitglieder der baskischen ETA in einer schwerbewachten spanischen Nuklearfabrik,
- 1980 den iranischen Bombenangriff gegen das irakische Forschungszentrum Tuwaitha bei Bagdad,
- 1981 die Bombardierung und Zerstörung von Tuwaitha durch 16 israelische Flugzeuge,
- von 1983 bis 1987 fünf irakische Bombenangriffe auf die Baustelle der zwei iranischen Reaktoren in Busher,
- 1982 den Beschuß des im Bau befindlichen Schnellen Brüters in Creys Malville in Frankreich mit sechs Raketen,
- 1982 die Zündung von vier Sprengsätzen in dem AKW Koeberg bei Kapstadt durch die Südafrikanische Befreiungsfront.

Zweitens: Es gab in der Vergangenheit viele *Sabotageakte* durch Insider wie zum Beispiel

- 1971 einen Brandanschlag in dem AKW Indian Point in New York durch einen Geistesgestörten, der schon sieben Jahre dort arbeitete,
- 1977 mehrere Bombenanschläge in dem AKW Lemoniz durch Mitglieder der ETA, die in Baufirmen eingeschleust worden waren,

- 1979 das Übergießen von 62 neuen Brennelementen mit Natronlauge in dem AKW Surry durch zwei Beschäftigte, die sich über die ungenügenden Sicherungsmaßnahmen geärgert hatten.

Die Safeguards Summary Event List dokumentiert sehr viele Vorfälle, in denen sicherheitsrelevante Schalter falsch gestellt, Leitungen durchtrennt oder Ventile blockiert waren.

Drittens: Es gab auch eine ganze Reihe von *Spionageaktionen*. Zum Beispiel wurde 1984 der ehemalige Angestellte des Kernforschungszentrums Karlsruhe und der dortigen Wiederaufarbeitungsanlage Georg Fülle wegen Spionage für die DDR verurteilt. Als besonders straferschwerend bewertete es das Oberlandesgericht Stuttgart, daß er der DDR den Generalhauptschlüssel ausgeliefert hat und ihr so Gelegenheit gegeben hat, in einem Spannungsfall Sabotageakte durchzuführen.

Viertens: Es wurde schon vielfach Nuklearmaterial *abgezweigt*. Die NRC hat in ihrer Safeguards Summary Events List von 1976 bis 1986 allein für die USA über 250 Vorfälle registriert, in denen spaltbares Material vermißt oder gestohlen wurde – im Bereich von einigen Gramm bis hin zu Mengen, die für mehrere Atombomben reichen würden.

So verschwanden aus einer Brennelementfabrik in Apollo / Pennsylvania zwischen 1957 und 1965 mindestens 178 kg Uran-235 – der Stoff für etwa zehn Atombomben. Er wurde vermutlich illegal nach Israel gebracht.

1966 stahl ein Beschäftigter des AKW Bradwell in Großbritannien 20 neue Brennelemente.

Aus der Brennelementefabrik in Wilmington / North Carolina entwendete ein Beschäftigter 1979 zwei Behälter mit zusammen 70 kg Urandioxid und versuchte Geld mit der Drohung zu erpressen, das giftige Uranpulver über einer Großstadt zu zerstäuben.

1986 wurde in der RBU in Hanau ein Staubsaugerbeutel mit 1,5 kg Uran zwischen gewöhnlichen Büroabfällen gefunden.

Fünftens: Auch Hinweise auf einen internationalen *Schwarzmarkt* gibt es bereits.

- 1974 hat in Indien ein internationaler Schmugglerring aus dem AKW Jaduguda Uran im offiziellen Wert von 2,5 Millionen US-Dollar mit Hilfe bestochener Beschäftigter abgezweigt und an ausländische Agenten verkauft.
- 1981 hat Libyen versucht, von dem früheren CIA-Agenten Edwin Wilson aus deutschen Anlagen stammendes Uran zu erlangen. Die Parteien konnten sich allerdings nicht über dessen Anreicherungsgrad einigen.
- 1982 hat ein internationaler Waffenschieberring gegenüber Syrien und Irak unter anderem die Lieferung von drei Atombomben, 39 kg Plutonium und 1000 kg Natur-Uran angeboten.
- In den achtziger Jahren hat das Bundeskriminalamt insgesamt dreißigmal versucht, Bombenmaterial auf dem europäischen Schwarzmarkt aufzukaufen.
- Zwischen 1980 und 1987 haben mindestens sechs Lieferungen bombenfähigen Materials im Sudan ihren Besitzer gewechselt. Über die Jahre sind in Chartum Agenten Israels, Iraks, Irans, Libyens, Pakistans, Argentiniens und Südafrikas als Käufer aufgetreten.

Sechstens: Mit Plutonium oder hochangereichertem Uran könnte ein *Atomsprengsatz* hergestellt werden. Es wurde schon vielfach nachgewiesen, daß eine Gruppe von vier oder fünf technisch versierten Personen in der Lage wäre, einen relativ einfachen Atomsprengsatz zu produzieren. Kein Problem dürfte dies für einen Staat oder eine Gruppe darstellen, die von einem Staat unterstützt wird. Gezündet wurde bisher noch kein solcher Sprengsatz. Zwischen 1974 und 1980 wurden in den USA 80 ernstzunehmende Drohungen registriert, eine Atombombe zu zünden. Die USA nehmen diese Gefahr so ernst, daß sie seit über einem Jahrzehnt schon eine spezielle Eingreiftruppe für diese Fälle eingerichtet haben – das Nuclear Emergency Search Team (NEST). In Kalifornien gibt es seit 1978 einen eigenen Katastrophenschutzplan für den Fall, daß eine selbstgebaute Atombombe gezündet oder damit gedroht wird.

Für die *Zukunft* ist zu vermuten, daß die Bedrohung durch nukleare Aktionen eher zu- als abnehmen wird. Von dieser Annahme auszugehen, empfiehlt sich schon aus Gründen der Vorsorge. Denn die Atomenergie kann nur dann als sozialverträglich gelten, wenn sie auch unter ansteigendem Sicherungsbedarf problemlos betrieben werden könnte. Wir können uns nicht auf ein Techniksystem einlassen, das nur dann akzeptabel funktioniert, wenn sozialer und politischer Sonnenschein herrscht. Außerdem sprechen viele Gründe dafür, daß Ausbeutung und Unterdrückung, Diskriminierung und Fanatisierung, Elend und Krankheit hier und in der Dritten Welt in Zukunft zunehmen werden. Es wird daher vermutlich auch zunehmend Gruppen und Staaten geben, die – meist aus Verzweiflung – ihren politischen Willen mit Gewalt durchsetzen wollen. Um jeden Widerstand gegen ihre Forderungen zu brechen, könnten einige von ihnen nach Atomwaffenkapazität streben, indem sie versuchen, aus abgezweigtem Plutonium Atombomben herzustellen oder mit konventionellen Mitteln Atombomben angreifen. Es wird immer auch Beschäftigte geben, die der Versuchung erliegen, exorbitante Gewinne durch das Verschieben waffenfähigen Materials einzustreichen. Es wird auch in Zukunft immer wieder Haß, Neid, Rache, Leichtsinn, Habsucht oder politische Einstellungen geben, die Motive für Sabotage- oder Spionageaktionen sein können. Solche Motive können auch durch Einstellungsüberprüfungen nicht ausgeschlossen werden. Sie bleiben unausweichliche Risiken jeder Atomenergienutzung.

Als Ergebnis unseres ersten Gedankenexperiments können wir festhalten: Die Zerstörung einer Atomanlage, die Abzweigung von bombenfähigem Material, die Erpressung mit einem atomaren Sprengsatz oder einer radioaktiven Verseuchung sind Ereignisse, die sich nie ereignen dürfen, die aber durch die Nutzung der Atomenergie ermöglicht werden. Werden diese inhärenten Risiken der Atomtechnik verdrängt, werden sie um so bedrohlicher. Die Atomtechnik ist eine viel zu gefährliche Technik für eine Welt voller Gewalt und Gewinnsucht.

## IV.

Wer also an Atomenergie festhalten will, kommt früher oder später nicht darum herum, die Sicherungsanstrengungen deutlich zu verschärfen. Was würde dadurch an unserem bisherigen Ergebnis verändert? Ich will dies am Beispiel der Sicherungsmaßnahmen gegen den sogenannten Innentäter und der gesellschaftlichen Gefahrenvorsorge erörtern.

Erstens: *Gefahren durch Insider* drohen vor allem durch die Abzweigung von Plutonium oder Uran, durch die Zusammenarbeit von Insidern mit Angreifern oder durch Sabotage. Neben Materialbilanzierung, Ein- und Ausgangskontrolle und Arbeitsüberwachung gilt als Sicherungsmaßnahme, alle Bewerber in atomtechnischen Anlagen durch den Verfassungsschutz zu überprüfen und auch »über den Ehegatten und die nächsten Verwandten« zu befragen. Allein in Baden-Württemberg wurden 1983 zu diesem Zweck rund 11 000 Personen überprüft.

Von künftigen *Hintergrundüberprüfungen* in einer Plutoniumwirtschaft erwarten die NRC, daß sie »die Aktivitäten des einzelnen, seine Beziehungen, seine Verhaltensmerkmale und seine Überzeugungen – kurz: wie er lebt – erforschen werden«. Ihr Ziel muß nach Expertenmeinung sein, daß sie »sicherstellt, daß keine Anzeichen für *irgendeinen Verdacht* vorliegen«. Angesichts der Größe der Gefahr wäre es in der Tat auch nicht verantwortbar, einen Beschäftigten erst dann von einem sensitiven Arbeitsplatz auszuschließen, wenn er erpreßt, verführt, bestochen, überzeugt oder überredet ist. Als Sicherheitsrisiko wird er schon dann untragbar sein, wenn er erpreßbar, verführbar, bestechbar, überredbar oder überzeugbar erscheint.

NUKEM und Transnuklear war es jedoch gelungen, systematisch Beschäftigte in Atomkraftwerken zu bestechen und zu Regelverletzung zu verleiten. Jahrelang arbeiteten erpreßbare Beschäftigte in sicherheitsrelevanten Bereichen. Sie waren schon für eine Bordellnacht oder eine Videokamera bereit, Atommüll zu verschieben. Um wieviel weniger kann erwartet werden, daß sie der Versuchung, durch Abzweigung von Nuklearmaterial vielfach höhere Gewinne einzustreichen, widerstehen! Offensichtlich hat keiner der Beschenkten die Präsente empört zurückgewiesen und die Bakschischpraktiken öffentlich angeprangert. Alle, bei denen Bestechungen versucht wurden, sind der Verführung erlegen. Daß nur etwa hundert Beschäftigte geschmiert wurden, dürfte allein daran liegen, daß es nicht bei mehr versucht wurde. Der Verfassungsschutz jedoch hat den meisten, die bestechen ließen, bestochen haben oder bestochen wurden, ausreichende Zuverlässigkeit bescheinigt.

Um ihre Aufgaben zu erfüllen, werden künftige Überprüfungen erheblich verschärft werden müssen:

- Um politisch motivierten Terroristen und Sympathisanten den Zugang zu versperren, wäre die politische Betätigung der Bewerber zu überprüfen.
- Um die Einstellung kriminell motivierter Bewerber zu verhindern, müßten ihre Vorstrafen und ihre persönlichen Kontakte überprüft werden.
- Agenten fremder Mächte könnten nur entdeckt werden, wenn ihre Legende zeitlich möglichst weit zurückverfolgt wird.
- Mitglieder fanatisierter Sekten sind nur zu erkennen, wenn Bewerber auch nach ihrem Bekenntnis verhört und in ihrem persönlichen Verhalten überwacht werden.
- Das Risiko einer Bestechung auszuschließen, erfordert, die finanzielle Situation des Beschäftigten zu überprüfen sowie seinen Lebensstil und sein finanzielles Gebaren zu kontrollieren.
- Einer Erpressung kann nur vorgebeugt werden, wenn noch intensiver, als Erpresser dies tun, nach Schwachstellen in den Lebensgewohnheiten und dunklen Flecken in der Vergangenheit geforscht wird.
- Um Verführungen auszuschließen, müßte versucht werden, auch alle die Personen zu überprüfen, die in der Lage

wären, den Beschäftigten zu ungesetzlichen Handlungen zu verleiten.

- Um Drogensucht, Alkoholismus oder psychische Defekte erkennen zu können, sind medizinische Untersuchungen und Persönlichkeitstests erforderlich.

Zur Arbeit in und zum Schutz von atomtechnischen Anlagen bedarf es demnach eigentlich eines besonderen Typus: nämlich des stabilen, streßfähigen, ausgeglichenen Menschen. Ein stabiler Mensch braucht eine stabilisierende Umwelt. Eine Frau, die fremdgeht, ein Freund, der fixt, ein Bruder, der gefangene Terroristen unterstützt, könnten die Einstellung als Risiko erscheinen lassen. Eine Überprüfung und Überwachung des gesellschaftlichen Umfelds der Beschäftigten wird dann unvermeidlich sein.

In Verschärfung der Hintergrundüberprüfungen werden in den USA seit August 1986 jedem, der in atomtechnischen Anlage beschäftigt ist, Fingerabdrücke abgenommen und mit der beim FBI gespeicherten Sammlung verglichen. In einigen Anlagen werden von den Beschäftigten auch nach dem Zufallsprinzip ausgewählte Urinproben verlangt, um Drogenkonsum kontrollieren zu können. Seit 1985 werden in den USA alle Regierungsbeamten und Vertragspartner der Regierung, die mit Geheimakten zu tun haben, Lügendetektor-Tests der Spionageabwehr unterzogen. Seit Mai 1987 gilt für sie »sexuelles Fehlverhalten« wie Homosexualität, Ehebruch, Partnertausch, Sexorgien und Sodomie als Sicherheitsrisiko. Mit ähnlichen Verschärfungen wird über kurz oder lang auch in der Bundesrepublik zu rechnen sein. Dann dürfte auch die freiwillige Einwilligung in solche Prüfungen zu einer Voraussetzung für die Einstellung werden – nach dem Motto: Wer sie verweigert, zeigt, daß er etwas zu verbergen hat.

Zweitens: Anlagenbezogene Sicherungsmaßnahmen haben jedoch immer nur eine begrenzte Effektivität. Es wird daher unumgänglich sein, über den Objektschutz hinaus dadurch *Gefahrenvorsorge* zu betreiben, daß die Sicherungslinie *in die Gesellschaft* hinein *vorverlegt* wird. Es wird den Verantwortlichen daran gelegen sein, möglichst frühzeitig potentielle Täter zu erkennen und Kenntnis von Aktionen schon im Planungsstadium zu gewinnen.

Schon heute werden oft die Mitglieder auch friedlicher Gruppen von Umweltschützern registriert. Denn sie könnten sich – etwa durch einen verschärften Ausbau der Atomenergie – radikalisieren. Wenn heute schon die Staatsschutzpolizei in Berlin von Arbeitsgebern, deren Firmen auf den Fahrtrouten hoher Staatsgäste liegen, eine Liste aller Beschäftigten verlangt, um sie auf ein mögliches Risiko hin zu überprüfen, dann dürfte nach dieser Logik eine solche Maßnahme zum Schutz von Atomtransporten noch viel eher angebracht sein.

Die *künftige* Vorverlegung der Sicherungslinie erfordert, die polizeilichen Kontroll- und Informationssysteme weiter auszubauen und verstärkt »nachrichtendienstliche Mittel« einzusetzen. Die »Special Safeguards Study« der US-Atomenergiekommission empfahl als wichtigstes Sicherungsmittel überhaupt »intensive Datensammlung mit Hilfe elektronischer und anderer Überwachungsmittel. Ihr wichtigstes Instrument ist jedoch die Infiltration der Gruppen selbst.«

Der Sachzwang, die Allgemeinheit vor dem Mißbrauch der Atomenergie und anderer schadensträchtiger Großtechnik zu schützen, schafft eine neue und nur sehr schwer zu widerlegende *Legitimationsgrundlage* für Maßnahmen der fortgeschrittenen Überwachung. Welcher Datenschützer würde es zum Beispiel wagen, den Ausbau polizeilicher Datenbanken zu kritisieren, wenn die Persönlichkeitsrechte des einzelnen tatsächlich abzuwägen wären gegen die möglichen sozialen Kosten einer Atombombenexplosion in der Münchner Innenstadt? Wer wollte dann noch der These von Generalbundesanwalt Rebmann widersprechen, Sicherheit rangiere vor Datenschutz?

Alle diese präventiven Maßnahmen sind notwendig mit Grundrechtseinschränkungen vieler Bürger verbunden. Um wenige potentielle Angreifer zu finden, müssen viele Unbeteiligte überwacht werden. Um vielfältigste Anzeichen für nukleare Aktionen erkennen zu können, muß der Informationszugriff der Sicherungsorgane sich auch auf weite Bereiche normalen Verhaltens erstrecken. Viele Bürger werden von ihren Grundrechten auf Meinungs-, Versammlungs- und Vereinigungsfreiheit keinen oder weniger Gebrauch machen, wenn diese Aktivitäten erfaßt und ausgewertet werden oder damit zu rechnen ist.

Drittens: Werden die Mißbrauchsrisiken der Atomenergie anerkannt, führen sie zu einer Eigendynamik des Sicherungssystems. Jede tatsächliche oder vermeintliche Steigerung des Sicherungsbedarfs wird zu einem *Ansteigen des Sicherungsniveaus* führen. Diesem Sicherungszwang kann sich niemand entziehen. Er entspringt der immanenten Sicherungslogik der Atomenergie. Aufgrund ihres ungeheuren Schadenspotentials muß sie immer so sicher gemacht werden, daß – wie das Bundesverfassungsgericht fordert – katastrophale Schäden »praktisch ausgeschlossen« sind. Steigt der Sicherungsbedarf, fordert der sogenannte »dynamische Grundrechtsschutz« auch vermehrte und schärfere Kontroll- und Überwachungsmaßnahmen. Die Atomtechnik enthält einen Sachzwang zur Einschränkung von Freiheitsrechten!

## *V.*

Steht dem aber nicht unsere Verfassung entgegen, die uns doch die Ausübung von Grundrechten garantiert? Für diese Hoffnung gibt es leider wenig Anlaß. Die angedeutete Entwicklung wird durch *Grundrechte* und Verfassung nicht nur nicht verhindert werden können – im Gegenteil, sie wird durch sie unterstützt und gefördert. Vor allem aber werden die Freiheitsrechte selbst durch den *Anpassungsdruck* des atomaren Sicherungszwangs verändert werden.

Das Bundesverfassungsgericht löst Konflikte zwischen verschiedenen »Verfassungswerten« vor allem mit Hilfe zweier Regelungsmechanismen, der Güterabwägung und des Prinzips der Verhältnismäßigkeit. Überträgt man dessen bisherige Rechtsprechung auf die künftigen Konflikte um Freiheitsrechte, stünde man vor folgender Situation:

Wenn auf Atomenergie als Energieträger nicht mehr verzichtet werden kann, *dann* gebietet das Grundgesetz, das Leben einzelner Bürger, die Volksgesundheit, Heimat und Gemeinde, Sachwerte, die Grundlagen des gesellschaftlichen Zusammenlebens, das Gewaltmonopol, die Souveränität und den Bestand des Staates sowie seine freiheitliche demokratische Grundordnung mit aller Entschiedenheit durch das nukleare Sicherungssystem zu schützen.

Alle diese »Verfassungswerte« würde das Bundesverfassungsgericht im Streit um die Zulässigkeit von Sicherungsmaßnahmen gegen das jeweils betroffene Grundrecht des einzelnen abwägen. Die Optimierung der Wirksamkeit beider Konfliktgüter durch schonendsten Ausgleich, um den sich das Bundesverfassungsgericht bemüht, kann wegen der unterschiedlichen »Werthaftigkeit« jedoch selten zu beiderseitigem Nachgeben führen. Vielmehr führt in der Rechtsprechung des Bundesverfassungsgerichts gerade das Prinzip der *Güterabwägung* beinahe ausschließlich zu einem einseitigen Vorrang des Bestands des Staates und seiner freiheitlichen demokratischen Grundordnung, der Volksgesundheit und anderer Gemeinschaftswerte gegenüber fast allen Grundrechten.

Und das *Verhältnismäßigkeitsprinzip* ist für den Freiheitsschutz ambivalent. Es begrenzt freiheitsbedrohende Eingriffe, wenn deren Notwendigkeit zum Schutz hochrangiger Interessen nicht nachgewiesen werden kann. Es ermöglicht sie aber, wenn dies gelingt. Sie sind dann aber auch unbedingt zu ergreifen. Sie sind dann geeignet, erforderlich und in Relation zur Größe der Gefahr nicht übermäßig belastend. Gegen Maßnahmen, die für die Funktionsfähigkeit des Sicherungssystems unerläßlich sind, kann es keinen Schutz gewähren. Im Gegenteil, es wird eine der Einbruchsstellen sein, durch die sich das Sicherungssystem rechtliche Anerkennung erobert. Denn (um aus der »Abhör-Entscheidung« des Bundesverfassungsgerichts zu zitieren) »es kann nicht Sinn der Verfassung sein«, ihm »zwar eine Aufgabe zu stellen«, ihm aber »die Mittel vorzuenthalten, die zur Erfüllung seines Verfassungsauftrags notwendig sind«.

Über die Notwendigkeit einer Sicherungsmaßnahme entscheiden jedoch die Sicherungsbehörden nach weitgehend politischen Erwägungen in eigener Verantwortung. Die Gerichte haben sich der Sicherungslogik gebeugt und überprüfen nur noch, ob eine angeordnete Sicherungsmaßnahme willkürlich ist. Denn die Sicherungskräfte allein verfügen über die erforderlichen Informationen. Wie zwingend der Sicherungszwang, wie notwendig die Machtsteigerung der Sicherungskräfte jeweils ist, können Außenstehende schwer beurteilen. Die Gefahr des Mißbrauchs wächst jedoch im Quadrat der Heimlichkeit. Die peinliche Sorgfalt, mit der alle Maßnahmen im Sicherungsbereich geheimgehalten werden müssen, erschwert selbst eine interne Überwachung und schließt die Kontrolle durch die Öffentlichkeit weitestgehend aus.

Gegenüber dem heutigen Standard an Freiheitsgewährleistungen wird der nukleare Sicherungszwang durch immer schärfere Sicherungsmaßnahmen zu Einschränkungen und Verlusten des Rechts auf Privatsphäre, des Rechts auf informationelle Selbstbestimmung, des Rechts auf freie Entfaltung der Persönlichkeit, der Informationsfreiheit, der Meinungs-, Versammlungs- und Vereinigungsfreiheit, der Berufsfreiheit, der Streikfreiheit und der Mitbestimmungsrechte des Betriebsrats führen – um nur einige Freiheitseinbußen zu nennen.

Der Sicherungszwang würde mit Hilfe der Güterabwägung und des Verhältnismäßigkeitsprinzips zu einem *faktischen Grundrechtsschwund* durch die stille und allmähliche Veränderung der Rechtsbegriffe führen. Zwar wären die Grundrechte noch unverändert im Text des Grundgesetzes zu finden, ihr effektiver Schutz aber hätte abgenommen. Normen und Rechtsstrukturen blieben erhalten. Viele bisher selbstverständliche Freiheiten aber würden fehlen. Verläßliche Grenzen eines solchen Grundrechtswandels gibt es nicht.

## *VI.*

Gewährleistet uns das nukleare Sicherungssystem als Entschädigung für diese Freiheitsverluste wenigstens ausreichende Sicherheit? Die vorgestellten Sicherungsanstrengungen würden zweifellos ein sehr hohes Maß an Sicherheit produzieren. Reicht dies jedoch aus?

Zweifel daran weckt nicht nur ein Sicherungssystem, das spaltbares Material »aufs Gramm genau« im Griff zu haben vorgibt und unfähig ist, das Verschieben von über 2500 Fässern Atommüll zu bemerken, in denen sogar Plutonium enthalten ist. Zweifel daran schürt nicht nur ein Bundesumweltminister, der noch 14 Tage nach Entdeckung des Atommüllskandals keinen Überblick hatte, wer in der Bundesrepublik radioaktive Stoffe befördern darf. Ich bezweifle dies vielmehr auch grundsätzlich, weil das Sicherungssystem auf menschliche und soziale Voraussetzungen angewiesen ist, die es nicht selbst gewährleisten kann. Solange diese nicht gesichert sind, bleibt auch die Sicherheit atomtechnischer Anlagen immer gefährdet.

Erstens: Zu den menschlichen Voraussetzungen: Ob Spaltstofflußkontrolle, ob Zwei-Mann-Regel, ob Metalldetektoren, Strahlungsschranken oder Körperdurchsuchungen, ob Sicherheitsüberprüfungen oder Überwachung des Privatlebens, Observierung radikaler Gruppen oder die Organisierung einer Evakuierung – letztlich müssen die Sicherungsmaßnahmen immer von Menschen durchgeführt oder beaufsichtigt werden.

Wie aber kann garantiert werden, daß diese Menschen nicht abgelenkt, vergeßlich, für Stimmungsschwankungen anfällig, zu leichtgläubig oder zu zuversichtlich sind? Wie kann gesichert werden, daß sie trotz einer nichtssagenden und langweiligen Aufgabe, trotz Monotonie, trotz Übermüdung immer ein Höchstmaß an Sicherungsmoral und Disziplin aufbringen? Im Ernstfall müßten sie sogar bereit sein, ihr Leben für die Sicherheit der Allgemeinheit zu opfern.

Tatsache dagegen ist, daß zum Beispiel Wachmannschaften in der Bundesrepublik aus Langeweile nach Wild-West-Manier auf dem Anlagengelände rumgeballert und aus Übermut die Objektstrahler zerschossen haben. In USA wurde im April 1987 das AKW Delta (Pennsylvania) von der NRC geschlossen, weil das Bedienungspersonal im Dienst regelmäßig geschlafen hatte. In der Atomanlage in Amarillo in Texas haben Wachmannschaften zur Aufheiterung in langen Nächten Damenbesuch in ihre Wachtürme geholt. Zwischen 1980 und 1985 hat sich die Zahl der von der NRC entlarvten Tabletten-, Rauschgift- und Alkoholabhängigen in AKW auf über 400 versechsfacht.

In vielen Fällen gelangten Inspektoren der NRC, ohne kontrolliert zu werden, an den Wachmännern vorbei bis ins Innerste des Reaktors. Sie berichten davon, einmal einen Wachmann gebeten zu haben, die Kamera des geschlossenen Fernsehkreises auf einen bestimmten Punkt zu richten. Der Wachmann versuchte es, war aber unfähig, das System zu bedienen. Kurz darauf lösten die Inspektoren durch Öffnen einer verbotenen Tür einen Alarm aus. Sie warteten mehrere Minuten und riefen dann in der Sicherungszentrale an, warum niemand auf den Alarm reagiere. Die Antwort: Die Wächter seien alle zu beschäftigt.

Zu oft werden Zielkonflikte zwischen den unproduktiven Sicherungsmaßnahmen und dem Interesse an hohen Erfolgsbilanzen zugunsten der letzteren entschieden. In manchen AKW werden die Wachmannschaften sogar zu Hausmeisterarbeiter herangezogen und müssen Fenster putzen und Böden wischen. Die Fluktuationsrate beträgt bis zu 48 Prozent pro Jahr. Alles dies und Erstaunliches mehr ist nachzulesen in Dokumenten der Nuclear Regulatory Commission und des

General Accounting Office. Das letztere hält aus diesen Gründen die Qualität der Wachmannschaften auch für den größten Schwachpunkt des Sicherungssystems.

Doch selbst wenn deren Ausbildung verbessert würde, sie wären nicht gefeit gegen gegnerische Strategien, die auf die Menschen bezogen sind. So hat etwa die baskische ETA mehrere leitende Angestellte des AKW Lemoniz entführt und ermordet, den Ingenieuren mit Briefen gleiches angedroht und dadurch die Fertigstellung des AKW bis heute verhindert.

Zweitens: Soziale Voraussetzungen: Bisher wurden AKW fast nur in Zeiten und Gegenden politischer Ruhe, also unter weltgeschichtlich nicht repräsentativen Bedingungen betrieben. Können wir aber tatsächlich damit rechnen, daß die Bundesrepublik auch in den kommenden Jahrzehnten ihren Reichtum weiterhin im Windschatten der Weltgeschichte still und unangefochten genießen kann?

Wie bereits Alvin Weinberg 1971 feststellte, setzt die Nutzung der Atomenergie eine bisher ungewohnte soziale und politische Stabilität voraus. Wer behauptet, eine Plutonium-Ökonomie sei sicher, muß daher auch sagen, wie er einen solchen Zustand dauerhaft herstellen will.

Man versuche sich nur einmal vorzustellen, was möglich gewesen wäre, wenn die Wachmannschaften atomtechnischer Anlagen beispielsweise im November 1918 aus kaisertreuen Offizieren, im Winter 1918/19 aus Mitgliedern der Bürgerkriegsparteien, während des Kapp-Putsches 1920 aus Sympathisanten der Putschisten, 1933 aus Mitgliedern des Widerstands gegen die Naziherrschaft und 1945 aus überzeugten Nazis bestanden hätten.

Unsere zweite Versuchsanordnung führt mich zu dem Ergebnis: Wir können uns auf die bestehenden Sicherungsmaßnahmen nicht verlassen. Sie zu verschärfen, schafft aber auch keine ausreichende Sicherheit – was ich hier jetzt nicht näher ausführen kann – und führt zu ungewollten politischen Verhältnissen. Es gibt keine befriedigende Lösung.

Die Atomenergie und vor allem eine künftige Plutoniumwirtschaft werden Freiheitsverluste erzwingen und sich dennoch nicht von dem ansteigenden Risiko ihrer unfriedlichen Nutzung befreien können.

## *VII.*

Die Hanauer Atomskandale haben einige Risiken der unfriedlichen Nutzung der Atomenergie im öffentlichen Bewußtsein deutlich gemacht. Die beiden durch unsere Gedankenexperimente getesteten Reaktionsweisen auf diese Skandale bieten beide keine befriedigenden Ergebnisse. Sie zeigen, daß Atomenergie immer zu dem unlösbaren Widerspruch zwischen Freiheit und Sicherheit führt: Sicherheit kann nur auf Kosten der Freiheit erhöht, Freiheit nur auf Kosten der Sicherheit bewahrt werden.

Atomenergie ist für eine so konfliktvolle Welt eine viel zu voraussetzungsvolle und damit viel zu gefährliche Technik. Die friedliche Nutzung der Atomenergie kann immer auch unfriedlich genutzt werden. Der dadurch mögliche Schaden ist nicht zu verantworten und muß daher vermieden werden. Wenn wir aber nicht in die perverse Situation kommen wollen, zu unserer eigenen Sicherheit mehr Überwachung und Kontrolle fordern zu müssen, wenn wir aus der fatalen Alternative Freiheit oder Sicherheit ausbrechen wollen, müssen wir das Schadenspotential beseitigen, das uns dieses Dilemma beschert. Die Skandale fordern eine dritte, energiepolitische Reaktion.

Kein konkurrierender Energieträger enthält derartige Mißbrauchsgefahren wie die Atomenergie. Keiner hat solche Schadenspotentiale und eine vergleichbare Anziehungskraft zur unfriedlichen Nutzung. Von keinem geht ein vergleichbarer Sicherungszwang aus, keiner fordert Ein- und Ausgangskontrollen, lückenlose Arbeitsüberwachung, Hintergrundüberprüfungen oder präventive Sicherungsmaßnahmen. Keiner erzwingt ähnliche Freiheitseinschränkungen wie die Atomenergie.

Es gibt freiheitsverträglichere Alternativen zur Atomenergie, und wir stehen vor der letzten historischen Möglichkeit, uns überhaupt für eine der Alternativen entscheiden zu können. Wenn die Atomenergie weiter ausgebaut wird, werden wir von ihr tatsächlich so abhängig sein, daß ein Verzicht auf diese Technik ohne Einbußen nicht mehr möglich ist. Statt die Risiken der unfriedlichen Nutzung der Atomenergie zu verdrängen oder statt sie durch immer schärfere Sicherungsmaßnahmen reduzieren zu wollen, müssen wir sie daher zum Schutz unserer Freiheit und unserer Sicherheit baldmöglichst durch sozialverträglichere Alternativen ersetzen.

Belege für die angeführten Zitate und Ereignisse sind zu finden in:
Alexander Roßnagel, Bedroht die Kernenergie unsere Freiheit? Das künftige Sicherungssystem kerntechnischer Anlagen. C. H. Beck Verlag, München; 2. Auflage 1983.
Ders., Radioaktiver Zerfall der Grundrechte? Zur Verfassungsverträglichkeit der Kernenergie. C. H. Beck Verlag, München 1984.
Ders., Die unfriedliche Nutzung der Kernenergie. Gefahren der Plutoniumwirtschaft. VSA-Verlag, Hamburg 1987.

GERD PFLAUMER:

## Die Lernfähigkeit der Gesellschaft ist gefordert. Ein Bericht aus der Arbeitsgruppe

Die Diskussion in der Arbeitsgruppe wurde mit einer Frage zur aktuellen Tagespolitik eröffnet: Wie werden die Ausstiegsmöglichkeiten aus der zivilen Nutzung von Kernenergie in Schleswig-Holstein eingeschätzt? Die geltende Rechtslage läßt der neuen Landesregierung so gut wie keine eigenen Spielräume, da sie das Atomgesetz als Bundesgesetz nur im Rahmen der sogenannten Bundesauftragsverwaltung durchführen kann. Die Entscheidungskompetenz liegt daher beim

Bund. Große Probleme wirft wegen der zur zahlenden Entschädigung an die Eigner der Atomkraftwerke die Finanzierung des Ausstiegs auf. Die Höhe der Entschädigung dürfte allerdings nicht die gemeinhin behauptete Größenordnung annehmen, da lediglich der Buchwert zu ersetzen ist, also die Abschreibung berücksichtigt werden muß. Auch entgangener Gewinn kann nicht in Rechnung gestellt werden.

Bei den im Plenum gehaltenen Referaten wurde eine deutlichere Auseinandersetzung mit den bestehenden Verflechtungen zwischen Wirtschaft, Wissenschaft und Politik vermißt. Der Einfluß ökonomischer Interessen auf politische Entscheidungen wird in der Öffentlichkeit erheblich unterschätzt. Existentielle Entscheidungen werden heute eher in Konzernetagen als im Kabinettsaal des Bundeskanzleramtes getroffen.

Die Aussichten der Klage der SPD-Bundestagsfraktion beim Bundesverfassungsgericht gegen das Atomgesetz, mit der die Verfassungswidrigkeit des Einstiegs in die Plutoniumwirtschaft festgestellt werden soll, wurden bei der konservativen Dominanz im BVG eher skeptisch beurteilt. Es wäre schon als Erfolg anzusehen, wenn das BVG inhaltliche Vorgaben für den Gesetzgeber zur Sicherung von Grundrechten in diesem Zusammenhang statuieren würde.

Auf eine weitere Frage hin wurden die Ausstiegskonzeptionen der Grünen (Sofortausstieg) von CDU/CSU und FDP (es bleibt im Prinzip bei der zivilen Nutzung von Kernenergie; risikomindernde Maßnahmen sollen das Restrisiko reduzieren) und der SPD (Ausstieg in zehn Jahren, gesetzliche Regelung in einem Kernenergieabwicklungsgesetz; sicherheitstechnische Nachrüstung in der Zwischenzeit) vorgestellt.

Die Zweckmäßigkeit bundeseinheitlicher Sicherheitsvorschriften wurde im Hinblick auf die unterschiedlichen Belastungen der Bevölkerung in einzelnen Bundesländern durch Atomkraftwerke in Frage gestellt.

Positiv bewertet wurde die Forderung nach Einführung

von Plebisziten und sonstigen Bürgerbeteiligungsverfahren auf Bundesebene. Professor Roßnagel berichtete über Schweizer Erfahrungen auf kantonaler Ebene, wo bei Maßnahmen mit finanziellen Auswirkungen ein Verwaltungsreferendum möglich ist. Skeptisch wurde das ARGUS-Modell von Professor Meyer-Abich bewertet, weil dort die Macht- und Interesseneinflüsse unterschätzt werden. Auch wurde vor einer Überforderung der Bürger bei der Bearbeitung von komplexen Themen gewarnt. Positiv könnten sich demgegenüber Aspekte des sozialen Lernens und damit verbundene Änderungen im politischen Bewußtsein der Bürger auswirken. Schließlich wurde gefordert, der Bürgerbeteiligung einen möglichst hohen Verbindlichkeitsgrad zu geben.

Unser Rechtssystem ist nicht auf künftige Entwicklungen eingestellt. Unsere Gesellschaft muß auch in ihren juristischen Strukturen lernfähig werden. Dies ließe sich durch den Einbau bestimmter Mechanismen in Gesetze, zum Beispiel zeitliche Befristungen mit Überprüfungsgeboten, durchaus bewerkstelligen. Als Beispiel wurde die Sunset-Legislation in USA genannt. Mit derartigen Mechanismen könnte die Rückholbarkeit gesetzlicher Entscheidungen sichergestellt werden. Gesetzesnovellierungen sind demgegenüber erfahrungsgemäß schwerer durchzusetzen. Als Hindernis für die Einführung derartiger neuer gesetzlicher Mechanismen könnte sich der Bestands- und Vertrauensschutz erweisen.

Beklagt wurde der Zustand des politischen Interesses der Bürger. Wie vor allem Erfahrungen aus der kommunalen Ebene belegen, nehmen Bürger ihre politischen Beteiligungsrechte viel zu wenig wahr. Es bestand Einigkeit in der Arbeitsgruppe, daß auch die Medien – vor allem die öffentlich-rechtlichen Rundfunk- und Fernsehanstalten – an der schleichenden politischen Entmündigung nicht unschuldig sind. Die Steigerung der Lernfähigkeit der Gesellschaft wurde als wichtigste Aufgabe von außerparlamentarischen Bewegungen bezeichnet. Demgegenüber erscheint der Abbau des sogenannten Parteienprivilegs (Fünf-Prozent-Klausel), um kleinen Gruppierungen den Einzug in die Parlamente zu ermöglichen, weniger sinnvoll.

Roßnagels These von einem schleichenden Prozeß der Grundrechtsveränderung wurde am Beispiel des Freiheitsbegriffs diskutiert. Gesellschaftliche Akzeptanz von und Gewöhnung an Freiheitsbeeinträchtigungen im täglichen Leben (zum Beispiel Körperkontrollen auf Flughäfen) führen zu einer Verengung des Grundrechts. Gesellschaftliche Akzeptanz wirkt damit letztlich verfassungsändernd. Die Normativität des Faktischen überrollt das geschriebene Verfassungsrecht.

# Arbeitsgruppe V: Technische Entwicklung, Ethik und Bürgerrechte

## CHRISTOF MÜLLER-WIRTH: Verantwortung der Öffentlichkeit? Ein Bericht aus der Arbeitsgruppe

In seinem Referat hatte Klaus M. Meyer-Abich als eine Möglichkeit, die »partizipative Demokratie« zu institutionalisieren, den »*A*llgemeinen *R*at der *G*esellschaft im *U*rteil der *S*chöffen« (ARGUS) vorgestellt. Im Hinblick auf ein solches Modell zur öffentlichen Kontrolle von Wissenschaft und Forschung im Sinne der Wünschbarkeit und Sozialverträglichkeit von Forschungszielen und Ergebnissen wurde zunächst die Frage diskutiert, welche Informations- und Interessenverflechtungen derzeit vorherrschen und einer »öffentlichen« Kontrolle entgegenstehen.

Zahlreiche Hindernisse stehen der postulierten und übereinstimmend als notwendig angesehenen »Verantwortung der Öffentlichkeit« für die Ziele und Ergebnisse wissenschaftlicher Forschung entgegen, so der »Staatsanteil«, so die bindenden Vorgaben der Industrie. Versuche, etwa in Bremen einen Studiengang »Produktionstechnik« als Kombination von Forschung und Technikfolgenabschätzung zu organisieren, sind gescheitert.

Kann die »Öffentlichkeit« – wie auch immer organisiert – überhaupt ein Gegengewicht zur Macht des Expertenwissens darstellen? Hier wurden zahlreiche positive Beispiele aus dem Bereich der Energiedebatte genannt. Dennoch wurden die Möglichkeiten einer institutionalisierten Kontrolle zunächst pessimistisch eingeschätzt. Eine anwesende ehemalige Abgeordnete berichtete, daß der entsprechende Ausschuß des Bundestages sich zunächst außerstande sah – und zwar alle Parteien –, ein Votum für oder gegen den Schnellen Brüter abzugeben.

Über eine Diskussion der Begriffe *Information*, *Öffentlichkeit* und *Betroffenheit* gelangte die Diskussion indes doch zu konstruktiveren Ansätzen.

Das Informationsangebot ist keineswegs zu gering, sondern eher übergroß und unbeherrschbar. Seine zweckgerichtete Nutzung setzt allerdings den »interessierten Bürger« voraus.

An den Hochschulen muß »demokratische Forschung« eingeübt und gelehrt werden (Kombination von Technikfächern mit solchen der Technikfolgenabschätzung).

Die *»Öffentlichkeit«* ist im Urteil über Technikfolgen keineswegs »dumm«. Das haben viele Beispiele bewiesen: Energie, Verkehrsplanung, Stadtentwicklung. Im Gegenteil: Es wurde darauf verwiesen, daß es gerade die Wissenschaftsexperten sind, die oft wider bessere Information für Ergebnisse mit schädlichen Folgen verantwortlich sind (»Die Wissenschaft hat uns soweit gebracht!«).

*Betroffenheit* schließlich ist Quelle und nachhaltige Motivation für das Verlangen nach öffentlicher Kontrolle von Wissenschaft.

Dabei wurde der These widersprochen, daß »Betroffenheit« jeweils beim Portemonnaie beginnt und endet. Tschernobyl, Hanau, Molke-Skandal und anderes zeigen, daß dem Bürger bewußt ist oder bewußt gemacht werden kann, daß alle gleichermaßen betroffen sind.

Geschilderte Modelle aus Schweden und der Schweiz zeigen, daß auf kommunaler und möglicherweise regionaler Ebene »Öffentlichkeit« für partizipative Demokratie in Umweltfragen und Technikfolgeabschätzung organisiert werden (Beispiel: Fluglärm).

## Erhard Eppler: Schlußwort

Liebe Freunde,

in den letzten zehn Jahren haben wir auf unseren Jahrestagungen häufig Themen behandelt, von denen die meisten den Eindruck hatten, daß sie davon schon etwas verstehen, daß sie mitreden können. Heute und gestern haben wir Referate gehört, bei denen wir sehr viel Neues erfahren haben und bei denen wir den Eindruck hatten, eigentlich müßten wir, um uns ein Urteil zu bilden, noch sehr viel mehr wissen, als wir auch nach diesen Referaten zu wissen glauben. Es sind dieses Mal wahrscheinlich mehr Fragen übrig, als wir mitgebracht haben, und es sind vielleicht weniger Antworten parat, als wir sie sonst haben. Das gilt ganz besonders für die Referate von

Klaus Michael Meyer-Abich, von Ruth Leuze und von Günter Altner, weniger für die beiden letzten Referate, über deren Thematik wir uns ja nun schon seit anderthalb Jahrzehnten unterhalten.

Es war der Soziologe Ulrich Beck, der vor einiger Zeit das Stichwort von der »Risikogesellschaft« in die Diskussion dieser Republik gebracht hat. Was meint er damit? Er meint, daß die trotzig-fordernde Frage: *Wer* bekommt *was* von dem großen Kuchen, den diese Republik zu verteilen hat, was bekomme ich von diesem Kuchen, was bekommt meine Gruppe von diesem Kuchen, immer mehr zurücktritt hinter die unsicher-angstvolle Frage: Mit welchen Risiken lebe ich, was bedeuten diese Risiken für mich, warum müssen sie sich dauernd vergrößern, warum wird so wenig dagegen getan?

Das ist deshalb eine immer drängendere Frage, weil diese Risiken ja häufig mit unseren fünf Sinnen nicht wahrnehmbar sind. Mit welchem unserer Sinne sollen wir die Risiken wahrnehmen, die uns Ruth Leuze oder Klaus Traube geschildert hat? Wie soll eine Mutter feststellen, wie radioaktiv die Milch ist, die sie ihrem Kind füttern will?

Erschwerend kommt also hinzu, daß diese Risiken für uns häufig nur durch Wissenschaft vermittelbar sind, überdies durch verschieden angelegte Wissenschaft, durch Gutachten und Gegengutachten, durch ganz verschiedene wissenschaftliche Ansätze. Es ist deutlich geworden, daß unser Verfassungssystem, unser Rechtssystem, unser politisches System und unser ökonomisches System viel stärker auf die erste Frage abgestellt sind, nämlich: *Wer* bekommt *was* von dem hoffentlich immer größer werdenden Kuchen? – Das war auch die entscheidende Fragestellung für diejenigen, die unsere Verfassung haben machen müssen. Für die zweite Frage, nämlich: Wie lebe ich mit den wachsenden, für mich gar nicht wahrnehmbaren Risiken?, fehlen häufig noch die politischen, die rechtlichen Strukturen.

Deshalb hat uns Alexander Roßnagel auf das hingewiesen, was er den »Grundrechtswandel« genannt hat: die Gefahr, daß Grundrechte in der Verfassung stehenbleiben, aber in ihrem Gehalt sich ändern, ausgehöhlt werden, immer weniger wert sind. Und Günter Altner hat davon gesprochen, daß die nachhinkende oder, wie er sagte: liberale Risikobegrenzung nicht ausreicht, ja, daß im Bündnis mit konservativen Katholiken präventive Schleusen geschaffen werden müßten. Das hat mich ein bißchen an meine Forderung vor jetzt schon 13 Jahren erinnert, daß Progressive und sogenannte Wertkonservative in vielen Punkten am selben Strang ziehen müßten.

Diese Risikogesellschaft stellt Anforderungen an die Wissenschaft. Klaus Meyer-Abich hat klargestellt – was ja für Wissenschaftler keineswegs so klar ist –, daß es keinen verantwortungsfreien oder ethisch irrelevanten Raum in unserer Gesellschaft geben kann und daß der Artikel 5 des Grundgesetzes von der Freiheit von Forschung und Wissenschaft natürlich die Verantwortung derer einschließt, denen die Verfassung Freiheit gewährt. Mir ist das deshalb nicht so selbstverständlich, weil kein geringerer als Carl-Friedrich von Weizsäcker gelegentlich sagt, daß ein Wissenschaftler – jedenfalls in seinem eigenen Bewußtsein – ein Mensch sei, der sich die kindliche Neugier des Wissen-Wollens bewahrt habe und daraus einen gut bezahlten Beruf zu machen imstande gewesen sei. Natürlich meint das Weizsäcker nicht ohne Kritik und Selbstkritik. Nur, er sagt damit etwas, was in seiner Kollegenschaft tief verwurzelt ist, nämlich, daß die Frage, was aus den wissenschaftlichen Ergebnissen wird, nicht Sache des Wissenschaftlers sei, sondern dann eben jener Politiker, von denen man mehr oder weniger viel hält. Klaus Meyer-Abich hat klargelegt, daß die Wissenschaft eine Bringschuld hat, nämlich rechtzeitig Informationen zu geben, einen Diskurs über die Orientierung ihrer Arbeit, ihrer Fragestellungen, neuer Prozeduren einzuleiten. Mit »ARGUS« hat er einen Vorschlag unterbreitet, den wir vielleicht selber noch nicht völlig überschauen und den ich unser aller genauerem Studium empfehlen möchte.

Natürlich gibt es auch dabei Anforderungen an die Politik,

was nicht heißt, daß es sich dabei nur um Anforderungen an diejenigen handeln würde, die sich für Politiker halten. Es ist ein ganz eigentümlicher Irrtum in unserer Gesellschaft, daß man Politik häufig für das hält, was Politiker tun. Politik ist unendlich viel mehr. Politik findet vor allem da statt, wo sich an der Basis, im Bewußtsein der Menschen, etwas bewegt. Diejenigen, die sich für Politiker halten, werden sich natürlich immer an neuen, sich neu bildenden Mehrheiten orientieren. Insofern findet Politik eigentlich am wenigsten dort statt, wo wir glauben, daß sie stattfindet.

Was ist an politischen Aufgaben heute neu? Und was nehmen wir wahr von dem, was wirklich neu ist? Mir ist noch eine kleine Nebenbemerkung von Klaus Traube im Ohr, auch er selbst habe in den sechziger Jahren in Amerika an einem Flugzeug gearbeitet, das atomar angetrieben werden sollte, auch er habe sich die Frage nicht gestellt, was denn zum Beispiel passiere, wenn ein solches Flugzeug abstürze. Er hat dann gesagt, es gibt Blindheit – ich würde sagen: strukturelle Blindheit, er hat das mit »paradigmatisch« ausgedrückt –, eine Blindheit, die aus dem Bewußtseinsstand einer Epoche kommt. Als ich vor 27 Jahren zum erstenmal in den Bundestag gewählt wurde, gab es im gesamten Deutschen Bundestag einen einzigen Abgeordneten, der Zweifel an der Atomtechnik hatte. Das war der Atomphysiker Karl Bechert aus Mainz, der von allen seinen Kollegen aller Fraktionen deshalb nicht ernstgenommen wurde. Wir müssen uns also darüber klarwerden, daß es Bewußtseinslagen in einer Gesellschaft gibt, in der bestimmte Dinge schlicht nicht wahrgenommen werden. Vor allem für jüngere Menschen ist das unendlich schwer zu begreifen. Die Frage ist nicht: Sind wir schuldig geworden, indem wir vieles nicht erkannt haben? Das halte ich für irrelevant. Die Frage ist: Was sind denn heute unsere blinden Stellen, auf die unsere Kinder uns hinweisen werden in 10, 15, 20, 25 Jahren?

Das, was heute neu ist, ist fast nur noch in erdgeschichtlichen Dimensionen darzustellen. Zum erstenmal, seit es

Lebewesen gibt, seit es eine Evolution von Lebewesen gibt, existiert heute ein Produkt der Evolution – nämlich der Menschen –, das in der Lage ist, diese Evolution zu beenden (mit Massenvernichtungsmitteln, durch atomaren Winter und sonstiges) und gleichzeitig in der Lage ist, diese Evolution in die eigene Hand zu nehmen, durch eigene Konstruktionen (mittels Gentechnik) zu ersetzen.

Dargestellt in den Mythen der alten Griechen: Der neue Prometheus hat den Göttern nicht nur das Feuer gestohlen, sondern er hat ihnen den Bauplan dieser Erde gestohlen und hat damit die Möglichkeit bekommen, diese Schöpfung rückgängig zu machen beziehungsweise sie in die eigene Hand zu nehmen.

Ich weiß nicht, ob vielleicht in einigen Jahrzehnten unsere Kinder uns fragen, warum wir das denn nicht gleich begriffen hätten.

So betrachtet ist es fast schwindelerregend, das anzusehen, was sich heute Politik nennt. An dieser Stelle möchte ich eine Bemerkung von Klaus Meyer-Abich relativieren. Er hat gesagt, er finde es ganz schlimm, daß sich die Politik heute überwiegend darum bemühe, entweder an die Macht zu kommen oder an der Macht zu bleiben. Gustav Heinemann hätte dazu gesagt: »Lieber Meyer-Abich, das war immer so, seit es Menschen gibt! So ist Politik gemacht worden, seit es Menschen gibt.« In allen Systemen haben alle Regierungen mindestens zwei Drittel ihrer Tätigkeit darauf verwandt, Regierung zu bleiben. Das Neue ist nur, daß wir es uns heute weniger leisten können und daß der Anteil in den letzten Jahren nicht von zwei Drittel auf die Hälfte heruntergerutscht, sondern von zwei Drittel auf drei Viertel, in der Bundesrepublik schon auf vier Fünftel gestiegen ist. Insofern ist natürlich der Abgrund zwischen dem, was an technischer Dynamik zu bewältigen wäre, und dem, was an mediokerer Politik zu verkraften ist, in der Tat für viele erdrückend.

Nun ist die Frage: Was müßte sich da ändern? Darüber haben wir lange geredet. Bei der Politik im engeren Sinne müßte sich wohl das Verhältnis zur Wissenschaft ändern. Noch vor 25 Jahren, als ich junger Abgeordneter war, war das Argument »die Wissenschaft sagt« absolut durchschlagend. Heute wissen wir: Es gibt so verschiedene wissenschaftliche Ansätze, die in Konkurrenz zueinander stehen, daß die Berufung auf »die Wissenschaft« politisch nicht mehr möglich ist. Es geht deshalb darum, Wissenschaftsprozesse und Dialoge und Kontroversen zu organisieren.

Das zweite ist, darauf hat Meyer-Abich hingewiesen: Die Frage, wohin eigentlich Wissenschaft gehen soll, welche Fragen sie sich stellen soll, was wissenswert ist, ist keine wissenschaftliche Frage. Ich entsinne mich zum Beispiel, daß die Wissenschaftler, mit denen ich in der Entwicklungspolitik zu tun hatte, sich permanent Fragen stellten, die mich überhaupt nicht interessierten und Antworten gaben, mit denen ich überhaupt nichts anfangen konnte. Und als *ich* dann anfing, ihnen Fragen zu stellen, kam wenig dabei heraus – außer Ärger, daß ich es mir überhaupt erlaubte, ihnen Fragen zu stellen. Politik wird sich darum bemühen müssen, Fragen zu stellen, Fragen danach, was wissenswert ist.

Schließlich gehört in diesen engeren Bereich das, was heute hier über Technologiefolgenabschätzung gesagt worden ist.

Etwas anderes, was sich ändern muß, ist unter dem Stichwort »Demokratisierung« genannt worden. Dabei meint Demokratisierung schon wieder ein bißchen etwas anderes, als Willy Brandt meinte in seiner Regierungserklärung 1969; nämlich in den meisten Fällen nicht mehr: Wie schaffe ich in jedem einzelnen Bereich – Universität, Betrieb, Verwaltung, Kirche, was immer es sein mag – so etwas wie eine Montesquieusche Gewaltenteilung, eine Machtkontrolle, eine Balance der Macht? Das kann zum Beispiel in dem Bereich, von dem Ruth Leuze geredet hat, noch ganz wichtig werden, bei dem, und da schließe ich mich voll ein, der normale Bürger schlicht überfordert ist, wenn er im Einzelfall selber urteilen soll. Da wird es wahrscheinlich so etwas wie eine Verstärkung der Kontrolle für die Administration und innerhalb der

Administration geben müssen. Aber ansonsten, glaube ich, bedeutet in unserem Zusammenhang Demokratisierung vor allem die Organisation von Diskursen darüber, wohin wir eigentlich wollen. Und ich habe mich sehr gefreut, daß dabei der Name eines Menschen gefallen ist, der in Gefahr ist, zwischen Wissenschaft und Politik zerrieben zu werden. Ich meine Reinhard Ueberhorst, den ich jetzt auch als Mitglied der Grundwerte-Kommission schätzen gelernt habe. Ueberhorst sagt: Jetzt ist nötig, daß wir Diskurse organisieren, gegen die Lobbies abschirmen, gegen wirtschaftliche Macht durchsetzen. Wie ist das möglich? Indem wir Menschen mobilisieren, die gegen wirtschaftliche Macht diese Diskurse fordern und schließlich auch erreichen.

Ich habe mich gefreut, daß in einer der Arbeitsgruppen noch über Betroffenheit geredet worden ist. Betroffenheit kann sehr wohl ein Motor sein, um Menschen zu mobilisieren. Allerdings eben nur zu Anfang. Jemand hat gesagt, Betroffenheit sei immer Egoismus. Ja, so ist das. Politik ist ohnehin weitgehend Egoismus, ist es immer gewesen. Aber ich entsinne mich an den Beginn der Anti-Atom-Bewegung in Wyhl. Das fing mit dem Sankt-Florians-Prinzip an. Zuerst sagten die Wyhler: Bei uns jedenfalls nicht! Und dann haben sie über die Gründe für diese Ablehnung nachgedacht mit dem Ergebnis: Möglicherweise nicht nur bei uns nicht, sondern überhaupt nicht! Sie haben dann die Volkshochschule Wyhler Wald ins Leben gerufen, um genau diese Gründe zu erarbeiten, und so ist die Anti-Atom-Bewegung in Europa entstanden.

Das heißt: Betroffenheit ist eine gute Sache – als Anfang. Sie ist niemals ausreichend als durchzuhaltende politische Motivation.

Ich glaube nun allerdings, daß wir in der Bundesrepublik, in Westeuropa, eine Grundlage für diese Diskurse haben, die zum Beispiel im Osten erst mühsam erreicht werden muß: die Meinungsfreiheit. Der Osten hätte vom System her natürlich die Instrumente, ökologisch Vernünftiges durchzusetzen, ohne mit wirtschaftlicher Macht in unserem Sinn in Konflikt zu kommen. Er tut es nicht, weil das Bewußtsein bei den Funktionären nicht vorhanden ist, zumindest lange Zeit nicht vorhanden war, und weil der freie Diskurs gar nicht stattfinden konnte, der dieses Bewußtsein erzeugt.

Aber, und da möchte ich jetzt wieder auf Reinhard Ueberhorst zurückkommen, wir sind an einem Punkt angelangt, wo für diese Diskurse die Meinungsfreiheit nicht ausreicht, sondern noch etwas hinzukommen muß, was Ueberhorst die »Meinungserarbeitungsfreiheit« nennt. Solange Menschen eingeteilt werden können in »wissende Experten«, die meist mit Interessen verbunden sind, und »emotional reagierenden Laien«, gibt es keinen vernünftigen Diskurs. Etwa in der Energiepolitik in diesem Land hat der Diskurs erst begonnen, als den interessengebundenen Experten etwa ab Mitte der siebziger Jahre die Gegenexperten gegenüberstanden und damit die Diskussion geöffnet haben. Übrigens ein Zustand, der in Frankreich bis zum heutigen Tage noch nicht erreicht ist. Worauf es ankäme – und das ist auch staatliche Aufgabe –, wäre, denen, die Interesse haben, die teilnehmen wollen, auch die Chance zu geben, wissenschaftlich Meinung zu erarbeiten und damit auch an einem wissenschaftsfähigen Diskurs gleichberechtigt teilzunehmen. Das scheint mir eine Fortentwicklung unserer Verfassung zu sein, die sich aufdrängt. Und das muß soweit fortgeführt werden, bis sich abstimmbare Alternativen bilden. Wo es keine Alternativen gibt, wo ich, indem ich zum einen nein sage, nicht gleichzeitig zum anderen ja sage und umgekehrt, kann ich auch nicht demokratisch abstimmen. Der Diskurs muß zu abstimmbaren Alternativen führen, und genau hier ist der Platz für Volksbegehren und Volksentscheide. Richtig ist, daß das sicher nicht alles sein kann an Ausweitung von Demokratie. Aber es ist ein Teil dieser Ausweitung von Demokratie, der allerdings nur fruchtbar wird als Entscheidung über eine im Diskurs erarbeitete Alternative. Ich glaube zum Beispiel, daß wir im Bereich Atomenergie und Schneller Brüter nach über zehn Jahren Diskurs eigentlich schon nahe an dem Punkt sind, wo eine solche Entscheidung sinnvoll und möglich wäre. Aber die Verfassung bietet diese Möglichkeit auf Bundesebene bisher nicht.

Wenn man aber diesen Diskurs über Technik will, dann braucht man Kriterien. Und an der Stelle war für mich das, was Alexander Roßnagel gesagt hat, außerordentlich instruktiv. Er hat zum erstenmal präzise im Detail dargestellt, was die Folgen einer nicht menschengerechten, einer den Menschen überfordernden Technik politisch, rechtlich, verfassungsrechtlich sein müssen. Ich habe das in dieser Präzision vorher nie gehört.

Klar ist, daß sich offenbar die Trennung zwischen menschlichem und technischem Versagen nur in der Theorie vollziehen läßt, nicht in der Praxis, daß dort beides eng verbunden ist. Übrigens hat mich erschreckt, daß alle, bei denen im Fall NUKEM ein Bestechungsversuch gemacht worden ist, sich auch haben bestechen lassen, so daß also das Risiko der Bestechenden in dieser Risikogesellschaft offenbar gegen Null ging, und das Risiko der Allgemeinheit, die natürlich unter solchen Bestechungen leiden muß, in die Nähe des Unendlichen gegangen ist.

Aber eben: Wenn das so ist, dann ist die Frage nicht: Ist eine Technik gut oder böse?, sondern: Wie verhält sich Mensch zu Technik? Und das ist eine Frage des Menschenbildes. Ich weiß nicht, ob wir darüber auch einmal reden müssen. Was mich immer wieder schockiert, ist folgendes: Die CDU erklärt uns unentwegt, was sie von allen anderen unterscheide, sei das christliche Menschenbild. Nun gehört zum christlichen Menschenbild auch die Fähigkeit zum Bösen, theologisch nennt man das die Fähigkeit zur Sünde. In diesem christlichen Menschenbild ist also all das enthalten, wovon Alexander Roßnagel hier gesprochen hat. Wenn das aber so ist, und wenn die Sache mit dem christlichen Menschenbild nicht einfach Schaufensterdekoration ist, dann müßte doch eigentlich die Christlich-Demokratische Union gegenüber moderner Technik all die Fragen selber stellen, die wir hier gestellt haben. Und das Eigentümliche ist, daß sie keine einzige dieser Fragen so stellt. Könnte es sein, daß man an das christliche Menschenbild nur solange gebunden ist, wie es den Lobbies gefällt?

Ernst-Ulrich von Weizsäcker hat ja zusammen mit seiner Frau, mit Christine von Weizsäcker, den Begriff der Fehlerfreundlichkeit eingeführt. Technik muß fehlerfreundlich sein, weil Menschen Fehler machen, wobei »Fehler« ja noch ein sehr vorsichtiger Begriff ist gegenüber dem, was wir von Alexander Roßnagel über Bestechung, Sabotage und Gewalttat gehört haben. Wir können durchaus Kriterien entwickeln für das, was technisch nötig ist, und wir können dann Prozeduren entwickeln, mit denen diese Kriterien angelegt und durchgesetzt werden können, allerdings nur, wenn genügend Menschen diesen Prozeß tragen.

Das Gegenargument gegen all das ist, gerade hier in Baden-Württemberg, simpel; es lautet nämlich: Das schadet unserer Effizienz und unserer Konkurrenzfähigkeit auf dem Weltmarkt. Das ist, jedenfalls in Baden-Württemberg, ein regelrechtes Totschlagsargument. Und daraus resultiert dann eine ganz andere Haltung zur Technik, die sich etwa so beschreiben ließe: Technische Entwicklung ist in sich autonom; die einzige Aufgabe der Politik ist, diese Entwicklung so zu beschleunigen, daß wir immer die Nase vorn haben. Das ist das praktische Konzept von Baden-Württemberg. Hier wird nicht nach irgendwelchen Kriterien ausgewählt, sondern die unterschiedlichsten technischen Entwicklungen werden beschleunigt.

Zwischen diesen beiden Positionen wird es in den nächsten Jahren Streit geben, vielleicht sogar den wichtigsten Streit in der deutschen Politik. Wir brauchen ein neues Verhältnis von Technik und Politik. Natürlich war es bis vor zwanzig, fünfundzwanzig Jahren üblich, daß man Technik für einen autonomen Prozeß gehalten hat und die technische Entwicklung für eine Sache der Techniker, der Wissenschaftler, der Unternehmer und Konzerne. Politik hatte in diesem Konzept nur die Aufgabe, die Infrastruktur für die neue Technik vorzuhalten und die Akzeptanz dafür zu vermitteln. Infrastruktur – das heißt also zum Beispiel, wenn es Autos gibt, dann braucht man Straßen, Ampeln, Polizei, Unfallkliniken, eine Straßenverkehrsordnung. Akzeptanz – das ist ein zutiefst un- oder antidemokratischer Begriff. Denn er suggeriert nichts anderes, als daß es letztlich ein paar Wissende seien, die Szenarien für die Zukunft entwerfen und Politik die Aufgabe habe, diese Szenarien zum scheinbar Unvermeidlichen zu erklären und sie umzusetzen. Alternativen sind in diesem Denkmodell nicht vorgesehen. Erinnern Sie sich etwa an die Entwürfe von Professor Wolf Häfele von der Kernforschungsanlage Jülich; heute lesen sie sich fast wie Science-fiction, aber vor 15 Jahren haben wir das alles geglaubt.

Akzeptanz schaffen bedeutet das Gegenteil von Demokratie schaffen. Demokratie ist die Wahl zwischen Alternativen. Wenn wir Technik nicht als politische Aufgabe nehmen, dann schnurrt Politik zusammen zur phantasielosen Administration von Sachzwängen, die sich aus Entscheidungen in den Chefetagen der Konzerne ergeben.

Daraus wird sich nun ein neuer Streit um den Fortschritt ergeben, etwas ernsthafter, als er in Baden-Württemberg stattgefunden hat, nämlich darüber, ob und inwiefern Franz-Josef Strauß recht hatte, als er sagte: Konservativ sein heißt, an der Spitze des Fortschritts zu marschieren. Das heißt, er akzeptiert die Autonomie des technischen Prozesses. Ulrich Beck nennt das den Technikfatalismus oder auch den Fortschrittsfatalismus. An dieser Stelle sind übrigens die Konservativen hier und die Konservativen im Osten sich einig. Für beide bedeutet der technische Fortschritt Fortschritt an sich. Und es sind überall die Progressiven, auch dort, die sich fragen, ob denn jeder technische Fortschritt auch wirklich Fortschritt sei.

Wenn es also um die Frage geht, ob Politik noch Politik bleibt, ob Politik wieder in ihre Rechte, Pflichten und ihre Würde eingesetzt werden kann, die sie ganz offenkundig zunehmend verliert, dann heißt die Antwort: Wir brauchen Kriterien, wir brauchen Strategien des Diskurses und damit eine neue Form von Demokratisierung, die nicht Machtbalance, sondern Partizipation und Mitentscheidung meint. Den Fortschritt wird es nur geben, wenn wir ihn erzwingen, und zwar auch erzwingen gegen diejenigen, die das, was ihrer Macht am besten tut, für Fortschritt zu halten geneigt sind.

# Anhang

## HORST KRAUTTER: Eine Bürgerrechtsorganisation im Geiste Gustav Heinemanns

> »Unser Grundgesetz ist ein großes Angebot. Zum erstenmal in unserer Geschichte will es in einem freiheitlich-demokratischen und sozialen Rechtsstaat der Würde des Menschen Geltung verschaffen. In ihm ist Platz für eine Vielfalt der Meinungen, die es in offener Diskussion zu klären gilt.«
>
> *Gustav Heinemann*

Im Jahre 1978 gründeten Persönlichkeiten aus Politik, Kirchen und Gesellschaft die parteipolitisch unabhängige Gustav-Heinemann-Initiative (GHI), um *»für die Erhaltung eines freiheitlichen Grundklimas in der Bundesrepublik einzutreten und Fragen aufzugreifen, die von grundsätzlicher Bedeutung sind, die aber innerhalb des derzeitigen Parteienspektrums nicht oder nicht deutlich genug aufgreifbar und durchsetzbar sind.«*

Die Initiatoren, unter ihnen Marianne Dirks, Gerhard Dürr, Erhard Eppler, Helmut Gollwitzer, Walter Hähnle (†), Eberhard Jäckel, Walter Jens, Luc Jochimsen, Diether Koch, Kurt Scharf, Helmut Simon, Carola Stern und Christof

Müller-Wirth, traten Ostern 1978 mit dem *»Aufruf zur Mitarbeit in der Gustav-Heinemann-Initiative«* an die Öffentlichkeit:

*»Gustav Heinemann hat in der Aufregung der Ostertage 1968 durch ein knappes, treffendes Wort viele von uns betroffen gemacht, viele, die rebellierten, viele, die fassungslos und selbstgerecht die Rebellierenden verurteilten.*

*Er sagte: ›Das Kleid unserer Freiheit sind die Gesetze, die wir uns selber gegeben haben. Diesen Gesetzen die Achtung und Geltung zu verschaffen, ist Sache von Polizei und Justiz. [...] Wichtiger aber ist es, uns gegenseitig zu dem demokratischen Verhalten zu verhelfen, das den Einsatz von Polizei und Justiz erübrigt. [...] Unser Grundgesetz ist ein großes Angebot. Zum erstenmal in unserer Geschichte will es in einem freiheitlich-demokratischen und sozialen Rechtsstaat der Würde des Menschen Geltung verschaffen. In ihm ist Platz für eine Vielfalt der Meinungen, die es in offener Diskussion zu klären gilt. Uns in diesem Grundgesetz zusammenzufinden und seine Aussagen als Lebensform zu verwirklichen, ist die gemeinsame Aufgabe.‹*

*Was damals eine zukunftsgewisse Bewegung rund um die Erde war, hat sich heute, vor allem in unserem Land, aufgesplittert oder verlaufen. Viele haben sich angepaßt, einzelne sind den Weg der Zerstörung und Selbstzerstörung gegangen, zu wenige haben sich an das glanzlose Geschäft gemacht, das Angebot des Grundgesetzes in täglicher Kleinarbeit aufzugreifen.*

*Heute ist unsere Freiheit durch Angst, Trägheit und Resignation bedroht. Einschüchterung und Selbstzensur engen den Raum freier Diskussion ein und drängen vor allem junge Menschen an den Rand einer Gesellschaft, in der Unduldsamkeit wieder modern werden könnte. Das Gespräch zwischen den Generationen ist an vielen Stellen abgebrochen. Wo vor Jahren noch gestritten wurde, herrscht heute Sprachlosigkeit.*

*Der Entwurf einer Zukunft, der die Jungen fordern könnte, ist nicht zu erkennen. Vorurteile und Rezepte der Vergangenheit füllen das geistig-politische Vakuum. Unsere Gesellschaft, die an ihrer Zukunft irre geworden ist, beruft sich auf Sachzwänge oder sucht Fluchtwege in die Vergangenheit. Am Ende solcher Fluchtwege können nur neue Katastrophen auf uns warten.*

*Daher appellieren wir an alle, denen der Name Gustav Heinemann Ermutigung und Verpflichtung war und ist. Dieser Name steht für die besten Traditionen des liberalen Bürgertums, des demokratischen Sozialismus, christlicher Weltverantwortung und des Engagements für den Frieden. Gustav Heinemann wollte, daß wir das Grundgesetz nicht als Zement einer starren Ordnung mißverstehen, sondern als Angebot einer Gesellschaft, in der sich immer von neuem freie Bürger in solidarischer Anstrengung um mehr Gerechtigkeit bemühen.*

*Nur in einem freiheitlichen Staat kann sich gesellschaftliche Solidarität entfalten. Nur in einer solidarischen Gesellschaft wächst der Mut zur Freiheit.*

*Wir dürfen uns nicht zu dem Irrtum verleiten lassen, der Rechtsstaat erschöpfe sich in formalen Garantien. Schon gar nicht dürfen wir denen folgen, die vom Abbau rechtsstaatlicher Garantien mehr Sicherheit erwarten. Nur ein liberaler Staat kann ein starker Staat sein.*

*Gesellschaftliche Erneuerung setzt den demokratischen Rechtsstaat voraus; aber der demokratische Rechtsstaat kann ohne gesellschaftliche Reformen nicht überleben.*

*Wir rufen dazu auf, in nüchterner Diskussion zu prüfen, wo die Gefährdungen und die Chancen unserer Zukunft liegen. Lassen Sie uns prüfen, welche der gewohnten Wege in die Zukunft verschüttet sind, welche sich neu öffnen.*

*Lassen sie uns allem widerstehen, was den Raum der Freiheit der einzelnen Bürger einengt, den Rechtsstaat aushöhlt und Menschen davon abhält, von ihren Freiheitsrechten Gebrauch zu machen.*

*Lassen Sie uns gegen einen Provinzialismus kämpfen, der in Egoismus und nationaler Engstirnigkeit internationale Aufgaben, vor allem gegenüber der Dritten Welt, verkennt oder verdrängt.*

*Lassen sie uns nicht schweigen, wo immer durch Hunger oder Folter, unwillkürliche Freiheitsberaubung oder Unterdrückung der Meinungsfreiheit Menschen ihre Rechte verweigert werden.*

*Lassen Sie uns den Begriff einer Reform erarbeiten, die nicht Wachstum verteilen, sondern zwischen Alternativen von Wachstum entscheiden und Strukturen schaffen soll, die humanes Leben sichern.*

*Lassen sie uns die Resignierten aufrütteln, die unserer freiheitlichen Verfassung keine Zukunft mehr geben.*

*Lassen Sie uns eine ehrliche und selbstkritische Diskussion über unseren Weg und unsere Zukunft führen. Wer sich auf dem Erreichten ausruhen will, verfällt zu Recht der Kritik der Jüngeren.*

*Lassen Sie uns denen unsere Solidarität beweisen, die mutlos, eingeschüchtert oder einsam sich von der Teilnahme am öffentlichen Leben abwenden.*

*Wir wollen uns auf die freiheitlichen Traditionen unserer Geschichte besinnen, die uns Mut machen können.«*

Zum Verfassungstag veranstaltete die Initiative ihre Jahrestagungen in Rastatt:

1978 – »Bekommen wir eine andere Republik?«
1979 – »Bürgerfreiheit gegen Obrigkeitsstaat«
1980 – »Wer macht unsere Zukunft?
Sind wir nur Marionetten?«
1981 – »Frieden retten – Frieden stiften«
1982 – »Friedensaufgaben der Deutschen«
1983 – »Recht zum Widerstand«
1984 – »Bürgerrechte 1984«
1985 – »Zukunfts-Chancen suchen«

1986 – »Arbeit und Bürgerrechte«
1987 – »Die Bundesrepublik und ihre Geschichte«
1988 – »Der Griff nach dem Menschen – Technische Entwicklung, Ethik und Bürgerrechte«

Die Jahrestagungen fanden eine große Resonanz. In der ganzen Bundesrepublik entstanden Regionalgruppen der Initiative.

Diese Entwicklung machte eine Organisation notwendig, die eine Meinungsbildung von den regionalen Gruppen aus eröffnete und Erklärungen gewählter Vertreter der Initiative ermöglichte. So kam es im Jahre 1981 zur Organisation der Gustav-Heinemann-Initiative im juristischen Rahmen eines eingetragenen Vereins.

Zur Mitgliedschaft im eingetragenen Verein wurde mit einer Erklärung *»Was ist und will die Gustav-Heinemann-Initiative?«* aufgerufen:

*»Die Gustav-Heinemann-Initiative ist ein Zusammenschluß von Bürgern und Bürgerinnen, die in der Bundesrepublik Deutschland im Sinne Gustav Heinemanns politisch tätig werden wollen. Im Frühjahr 1978 wurde sie gegründet. Sie beruft sich auf Namen, politisches Wirken und politische Ziele Gustav Heinemanns.*

*Wie er, sieht unsere Initiative das Grundgesetz der Bundesrepublik als großes geschichtliches Angebot an. Es kann helfen, uns von verhängnisvollen Traditionen deutscher Vergangenheit abzuwenden und eine demokratische Gesellschaft mündiger Bürger aufzubauen.*

*›Der mündige Bürger ist zuallererst ein wacher Bürger, der nicht durch andere verwaltet oder vertreten, sondern der mitbestimmend und mithandelnd dabeisein will.‹ (Gustav Heinemann am 1. Dezember 1973)*

*Zur Wahrung der Bürger- und Menschenrechte treten wir ein*

- *für einen Rechtsstaat, der die im Grundgesetz gewährleisteten Rechte und Freiheiten schützt,*
- *für einen Sozialstaat, der die Wahrnehmung dieser Rechte und Freiheiten allen seinen Bürgern möglich macht,*
- *für eine Politik, die für den Frieden mit unseren Nachbarn in Ost und West auch Opfer zu bringen bereit ist,*
- *für die Sicherung unserer natürlichen Lebensgrundlagen, für eine Politik, die den armen Völkern die Chance eigenständiger Entwicklung gibt,*
- *für die Unantastbarkeit der Würde des Menschen auch in Strafrecht und Strafvollzug.*

*Die Gustav-Heinemann-Initiative ist der Überzeugung, daß die Grundrechte nur verwirklicht werden und bleiben, wenn sie im Bewußtsein der Bürger lebendig sind und täglich neu verteidigt werden. Sie will nicht die Aufgaben der politischen Parteien übernehmen, sie will vielmehr in die Gesellschaft und damit in die Parteien wirken und notwendigen Veränderungen zum Durchbruch verhelfen.*

*Jeder, der für diese Ziele tätig sein will, ist eingeladen, Mitglied der Gustav-Heinemann-Initiative zu werden. Sie arbeitet durch Veranstaltungen und Stellungnahmen, sowohl zentral als auch in den einzelnen Regionen des Bundesgebietes und West-Berlins.«*

Die Arbeit der als Verein organisierten Initiative wird von der jährlichen Mitgliederversammlung und von einem Beirat zur Beratung des Vorstandes, dem vor allem Vertreter der Regionalgruppen angehören, im Grundsatz bestimmt oder beraten.

Der Verein wird von einem fünfköpfigen Vorstand, dem zur Zeit Ilse Bechthold, Horst Krautter, Gerd Pflaumer, Beate Schwämmle und Werner Vitt angehören, geleitet. Die laufenden Geschäfte werden von einem bescheidenen Sekretariat besorgt.

Der Mitgliedsbeitrag beträgt DM 60,– jährlich; für Schüler, Studenten und Mitglieder ohne Einkommen DM 24,– jährlich.

Anfragen zur Arbeit der Gustav-Heinemann-Initiative und zur Mitgliedschaft werden an das Sekretariat (c/o Klaus Käpplinger, Seidenbergstraße 1, 7000 Stuttgart 1) erbeten.